Potsdam

Potsdam

Weltkulturerbe im Wandel

Michael Bienert, Elke Linda Buchholz, Alexander Rost

Ellert & Richter Verlag

Inhalt

Ankunft

Glücklich zu sein ist ja der erste aller unsrer Wünsche, der laut und lebendig aus jeder Ader und jedem Nerv unsres Wesens spricht, der uns durch den ganzen Lauf unsres Lebens begleitet, der schon dunkel in den ersten kindischen Gedanken unsrer Seele lag, und den wir endlich als Greise mit in die Gruft nehmen werden.

Heinrich von Kleist in Potsdam, 18. März 1799

Einschiffung auf die Insel

Mit Dampfer und Bahn nach Potsdam

Historischer Dampfer auf der Havel bei Potsdam. Vor der Erfindung der Eisenbahn waren Spree und Havel die wichtigsten Verkehrswege zwischen den preußischen Städten Berlin, Spandau, Potsdam und Brandenburg. Heute sind die Seen um Potsdam beliebte Freizeitgewässer.

Auf dem weißen Schiffsdeck riecht es nach Havel und Benzin. Die Sonne blendet, und ein scharfer Wind über dem Wannsee lässt uns frösteln. Halblaut brummt der Schiffsmotor. Auf dem Rücken eines Schwans würde man nicht sanfter nach Potsdam gewiegt. Potsdam ist eine Insel, von Wasserläufen, Seen und Buchten umfangen. Eine Insel betritt man am besten vom Wasser aus, leicht schwankend und mit hungrigen Sinnen.

Natürlich gibt es auch Straßen, Brücken, Radwege und die Eisenbahn. Mit dem Dampfer kommt man langsamer voran, aber Eile ist in Potsdam ohnehin nicht geboten. Die Anreise auf dem Wasser hat den Vorzug, dass die schöne Lage der Stadt und die landschaftlichen Reize der Gegend bereits unterwegs erlebbar sind. Noch ehe das von Wannsee kommende Schiff die Stadtgrenze zwischen Berlin und Potsdam passiert, gibt das Vorübergleiten der Pfaueninsel einen Vorgeschmack. Sie ist der nördlichste Mosaikstein der Potsdamer Park- und Gartenlandschaft, die unter den Hohenzollernfürsten über einen Zeitraum von 250 Jahren geschaffen wurde.

Eine kilometerlange Blickachse über die Havel verbindet das romantische Ruinenschlösschen auf der Pfaueninsel mit dem Marmorpalais im Potsdamer Neuen Garten. Beider Bauherr, der lebenslustige König Friedrich Wilhelm II., kaufte das Eiland im Jahr 1793 als Liebesnest für sich und seine Mätresse, die Gräfin Lichtenau. Bis heute gibt es keine Brücke zur Pfaueninsel, lediglich eine Fähre. Dadurch hat sie den Charakter eines Refugiums bewahrt, auch wenn dort keine

Gegenüberliegende Seite: Auf der Pfaueninsel befand sich im 17. Jahrhundert ein Kaninchenzuchtbetrieb, daher hieß sie lange „Kaninchenwerder". Das kulissenhafte Schlösschen baute Friedrich Wilhelm II. 1794 bis 1797 als Liebesnest für sich und seine Mätresse Wilhelmine Encke, spätere Gräfin Lichtenau. Sein Nachfolger Friedrich Wilhelm III. ließ exotische Tiere auf die Insel bringen. Frei laufende Pfauen gehören heute noch zu ihren Attraktionen. Die Insel ist nur über eine Fähre zu erreichen.

Folgende Doppelseite: Blick vom Pfingstberg zur Pfaueninsel in der Bildmitte. Im Vordergrund ist wohl Karl Friedrich Schinkels Pomonatempel dargestellt, das Gebäude auf der Landzunge links vor der Pfaueninsel dürfte Schloss Sacrow meinen, das Türmchen mit den Bogenfenstern halb links des Pomonatempels ist vermutlich Teil einer damaligen Stadtvilla. Gouache von Wilhelm Barth, 1834.

Übernächste Doppelseite: Havellandschaft. Im Hintergrund rechts die Pfaueninsel mit der Fährstation. Schon seit 1924 ist die Pfaueninsel Naturschutzgebiet.

Monarchen, sondern Scharen erholungsbedürftiger Berliner spazieren gehen.

Vom Wasser aus haben die preußischen Herrscher die Potsdamer Gegend als Lustrevier entdeckt, ehe sie dies Fleckchen Erde durch Alleen, Spazierwege, Blumenrabatten, Wasserspiele, Lustschlösser, Grotten, Tempelchen und Aussichtstürme in ihr Arkadien verwandelten. Das Wasser der Havel, auf dem unser Schiff dahingleitet, ist das Urelement dieser Landschaft. „Provinz Havelschwan" nennt sie Fontane in seinen *Wanderungen durch die Mark Brandenburg*:

„Die Havel ist ein aparter Fluß; man könnte ihn seiner Form nach den norddeutschen oder den Flachlands-Neckar nennen. Er beschreibt einen Halbkreis, kommt von Norden und geht schließlich wieder gen Norden, und wer sich aus Kindertagen jener primitiven Schaukeln entsinnt, die aus einem Strick zwischen zwei Apfelbäumen bestanden, der hat die geschwungene Linie vor sich, in der sich die Havel auf unseren Karten präsentiert. Das Blau ihres Wassers und ihre zahllosen Buchten (sie ist tatsächlich eine Aneinanderreihung von Seen) machen sie in ihrer Art zu einem Unikum. Das Stück Erde, das sie umspannt, unser Havelland, ist die Stätte ältester Kultur in diesen Landen. Hier entstanden, hart am Ufer des Flusses hin, die Bistümer Brandenburg und Havelberg. Und wie die älteste Kultur hier geboren wurde, so auch die neueste. Von Potsdam aus wurde Preußen aufgebaut, von Sanssouci aus durchleuchtet. Die Havel darf sich einreihen in die Zahl deutscher Kulturströme."

Schlängelt sich der Rhein auf seinem Weg von Mainz nach Koblenz malerisch zwischen steilen Felsen und alten Burgen hindurch, so mäandert die Havel flach

Karte der Gegend um Potsdam aus dem Jahr 1760. Die Stadt zählte damals etwa 13 000 Einwohner. Im Nordosten liegen die Pfaueninsel und der Große Wannsee, im Norden reicht die Karte bis zum Göttinsee, Schlänitzsee und Fahrländer See. Dort wurde 1874 bis 1876 der Sacrow-Paretzer Kanal gebaut, damit Lastkähne die Insel Potsdam nördlich umfahren konnten und nicht länger den Mäandern der Havel im Südwesten folgen mussten. Westlich von Potsdam liegt auf einer Insel in der Havel die kleine Stadt Werder, südwestlich zwischen Schwielow- und Templiner See das Schloss Caputh.

Der Zwiebelturm der 1837 protestantisch geweihten Kirche St. Peter und Paul in Nikolskoe erinnert an russisch-orthodoxe Kirchen. Friedrich Wilhelm III. ließ sie auf Anregung seiner Tochter, der russischen Zarin Alexandra Fjodorowna, errichten und bestimmte selbst den malerischen Bauplatz über der Havel unweit der Pfaueninsel. Gemeinsam mit dem bereits 1819 in der Nähe errichteten russischen Blockhaus Nikolskoe ist die Kirche ein beliebtes Ausflugsziel. Gemälde von Maximilian Roch, um 1838.

und träge zwischen den Schlossanlagen der preußischen Herrscherdynastie. Der Vergleich scheint ein wenig weit hergeholt, da dieser Landschaft die Dramatik der Stromschnellen und der schwindelerregenden Höhenunterschiede fehlt. Dennoch: Im Zeitalter der Romantik haben Reminiszenzen an rheinische Ritterburgen und Gebirgslandschaften auch bei der Potsdamer Landschaftsverschönerung eine Rolle gespielt. Künstliche Bergseen und Wasserläufe in engen Schluchten, Schweizerhäuser, Ruinen und eine Teufelsbrücke wurden gebaut. „Würde jener Abhang gewählt, so würden auch an der Havel zwei Bruderschlösser so traulich nahe beieinander liegen, wie der Rhein sie aus sagenhafter Zeit an seinen Ufern hat", argumentierte der weitsichtige Landschaftsarchitekt Peter Joseph Lenné, als er den zögerlichen Kronprinzen Wilhelm zum Ankauf des Abhangs überreden wollte, auf dem dann Karl Friedrich Schinkel das Schloss Babelsberg baute. Mit seinen mittelalterlichen Zinnen im Tudorstil bildet es das Gegenstück zu dem italienischen Schloss, das derselbe Architekt für Prinz Carl, einen Bruder des späteren Kaisers, in Klein Glienicke errichtete.

Folgende Doppelseite:
Die 1907 eröffnete Glienicker Brücke über die Havel ersetzte eine Zugbrücke von Karl Friedrich Schinkel und erleichterte so den Straßen- und Schiffsverkehr zwischen Potsdam und Berlin. Nach 1945 war die Brücke ein legendärer Schauplatz des Kalten Krieges. Über sie tauschten die USA und die Sowjetunion Spione aus. Nach dem Fall der Mauer konnten am 10. November 1989 erstmals wieder Menschen frei über die Brücke gehen.

Sobald unser Dampfer die Pfaueninsel passiert hat, sind wir mittendrin in einem Netz von geheimen und offensichtlichen Verbindungslinien, das die Herrscherdynastie über diese Landschaft geworfen hat. Am linken Ufer ragen die Kirche St. Peter und Paul und das Blockhaus Nikolskoe aus dem Wald, am rechten Ufer scheint die Sacrower Heilandskirche vor Anker zu liegen, dann weitet sich die Havel zum Jungfernsee mit Aussichten auf Klein Glienicke und Babelsberg, das Marmorpalais und Schloss Cecilienhof. Schon gleitet der Dampfer unter der eleganten Eisenkonstruktion der Glienicker Brücke hindurch, viel zu rasch! In Mauerzeiten drehten die Ausflugsschiffe aus Westberlin schon vor Sacrow ab, an ein Weiterkommen war nicht zu denken. Die Glienicker Brücke an der wichtigsten Straße zwischen Potsdam und Berlin war abgeriegelt und wurde nur wenige Male benutzt, um Agenten zwischen Ost und West auszutauschen. Die Ufer waren durch hässliche Zäune und Betonmauern unpassierbar. Jetzt schlängeln sich beiderseits der Glienicker Brücke wieder gelbsandige Parkwege.

Die Stadt Potsdam kommt in den Blick, am Gestade der Berliner Vorstadt stehen schöne alte Villen und ankern Freizeitboote. Ruderer sind unterwegs, Angler sitzen am Ufer. Die grüne Kuppel von Schinkels Nikolaikirche, Wahrzeichen des alten Potsdam, überragt die spektakuläre Architektur des neuen Stadttheaters im Kunstquartier an der Schiffbauergasse. Wie eine aufklappende rote Riesenmuschel leuchten die drei filigranen Betondachschalen über der gebogenen Glasfront.

Weiter geht es unter der Humboldtbrücke hindurch, gleich mündet linker Hand ein kleines Flüsschen in die Havel ein: die Nuthe. Auf der anderen Uferseite

Freizeitkapitän im Potsdamer Hafen. Im Hintergrund die Nikolaikirche von Karl Friedrich Schinkel, deren Kuppel erst 1850, nach dem Tod des Architekten (1841) fertiggestellt wurde. Er hatte sich dazu vom Pantheon in Paris und der St.-Pauls-Kathedrale in London anregen lassen. Die letzte Sanierung der Nikolaikirche wurde 2010 abgeschlossen. Der halb von Bäumen verdeckte kleinere Turm rechts gehört zum Alten Rathaus.

vermuten Archäologen den Ursprung der Stadt, dort fanden sich Spuren einer slawischen Siedlung aus dem 7. oder 8. Jahrhundert. Ein Turmhaus mit einem merkwürdig spitzen Dachaufbau, den man für einen futuristischen Sendemast halten könnte, erinnert an die zerstörte Heiliggeistkirche. Darunter entdeckten Archäologen die Überreste einer mittelalterlichen Palisadenburg. Eine Furt ermöglichte an dieser Stelle das Überqueren der Havel. Das sumpfige Gelände bot einen natürlichen Schutz gegen Feinde, erst tausend Jahre später wurde darauf unter großen Mühen die barocke Potsdamer Altstadt errichtet.

Die Havel verengt sich kanalartig zur Alten und Neuen Fahrt, dazwischen liegt die Freundschaftsinsel mit Spielplätzen, Brunnen und Blumenbeeten. Kurz vor der Anlegestelle an der Langen Brücke schiebt sich massig die größte Bausünde der jüngeren Zeit ins

Eigens für Wilhelm II. und die Hofgesellschaft wurde 1909 der Kaiserbahnhof am Park Sanssouci im englischen Cottage-Stil erbaut.

Bild: die Bahnhofspassagen. Das Shoppingcenter mit Gleisanschluss sollte noch viel größer ausfallen, was durch die Drohung verhindert wurde, der Stadt die 1990 erteilte Auszeichnung als UNESCO-Weltkulturerbe wieder abzuerkennen.

Besucher, die sehnsüchtig nach den Schönheiten von Sanssouci am Hauptbahnhof aus der S-Bahn steigen, müssen erst mehrere städtebauliche Höllenkreise durchqueren: erst die Konsumzone der austauschbaren Bahnhofspassagen, dann die offenen Wunden des zerbombten und brachial in DDR-Zeiten wieder aufgebauten Stadtzentrums und endlich die Fußgängerzone mit den üblichen Filialen von H&M bis Starbucks in Barockhäusern.

Es gibt einen Trick, sich dies alles zu ersparen. Man muss es angehen wie Wilhelm II., der reiselustige letzte Kaiser. Wegen der guten Luft und der schönen Umgebung bewohnte er viel lieber das Neue Palais im Park Sanssouci als das Berliner Stadtschloss. Nach Theater- oder Konzertbesuchen in der Hauptstadt fuhr er abends gern direkt nach Potsdam zurück, um morgens in aller Frühe auszureiten. Für Wilhelm II. und die Hofgesellschaft wurde bis 1909 ein eigener Bahnhof im englischen Cottage-Stil direkt am Parkrand von Sanssouci gebaut, den die Deutsche Bahn heute als Schulungszentrum nutzt. Direkt neben dem picobello restaurierten Kaiserbahnhof hält jede Stunde ein Regionalbahnzug auf der Strecke nach Magdeburg am schäbigen Haltepunkt Potsdam-Park Sanssouci. Für diese Züge braucht man von Berlin nur einen S-Bahn-Fahrschein. Wer so geschwind anreist, hat zwar nichts von der Stadt Potsdam gesehen, aber hübsch viel Zeit zum Spazierengehen im Park.

Gegenüberliegende Seite: Die Freundschaftsinsel mit der Kuppel der Nikolaikirche und dem Turm des Alten Rathauses. 1938 bis 1940 entstand auf der Insel nach Ideen des Staudenzüchters Karl Foerster ein Lehr- und Schaugarten, außerdem gibt es einen Spielplatz, ein Café, eine Freilichtbühne und einen Ausstellungspavillon. Hier trifft man mehr Potsdamer als Touristen.

Im Park der Erinnerung
Neuer Lustgarten

Angekommen im Potsdamer Hafen würden wir am liebsten gleich ins nächste Schiff umsteigen. Vier Stunden dauert es, die ganze Insel Potsdam mit dem Dampfer zu umrunden, die Reise geht über ein Dutzend Havelseen und den Sacrow-Paretzer Kanal, vorbei an Caputh, Werder, Grube, Marquardt und Fahrland. Das wäre die ideale Annäherung an die Stadt. Anders als im nahen Bahnhof, in dem sich die Ausdünstungen etlicher Schnellimbisse stauen, kann man es im Hafen gut aushalten, wenn noch Zeit bis zum nächsten Anschluss ist. Zumindest bei gutem Wetter: Auf ein komfortables Hafengebäude wartet die Weiße Flotte seit Jahren vergeblich.

„Playa del Puerto“ steht auf dem strohgedeckten Ausschankpavillon der Hafenbar, stattliche Fächerpalmen in Riesenkübeln verleihen dem Schiffsanleger ein südländisches Flair. Der Blick über Palmenwedel hinweg auf die Kuppel von Karl Friedrich Schinkels Nikolaikirche macht die Illusion perfekt, in einer Stadt des Südens angekommen zu sein. Und schon sieht auch das graue Hotelhochhaus am Hafen nicht mehr wie eine brutale Bausünde der DDR-Zeit aus, sondern weckt eher Erinnerungen an Touristenorte am Mittelmeer. Von der Langen Brücke und dem Hauptbahnhof weht Verkehrslärm zu den weißen Ausflugsschiffen herüber. Mit heiserem Tuten laufen Dampfer in den Potsdamer Hafen ein.

Die Hafenpromenade grenzt an den Neuen Lustgarten. Dort lärmen städtische Gärtner, mit Kettensägen bringen sie Baumkronen und Boskette in geometri-

sche Formen. Zwei Dutzend muskulöse Männer mit tätowierten Oberkörpern sind beschäftigt, eine riesige Open-Air-Bühne für ein Rockkonzert am kommenden Wochenende aufzubauen. Der Neue Lustgarten liegt verkehrsgünstig in Bahnhofsnähe und bietet spielend Platz für Zehntausende. In stilleren Augenblicken ist er ein Park der Erinnerungen an eine über 300-jährige Gartengeschichte.

Der historische Lustgarten an dieser Stelle war die älteste künstlerisch gestaltete Grünanlage Potsdams. Er gehörte zum Stadtschloss der Hohenzollern und spiegelte ihren sich wandelnden Geschmack beim Repräsentieren. Der zur Bundesgartenschau 2001 völlig neu gestaltete Neue Lustgarten war ein Vorbote für den 2010 begonnenen Wiederaufbau des Schlosses, das im Zweiten Weltkrieg stark zerstört und 1960 komplett

Der barocke Lustgarten des Potsdamer Stadtschlosses wurde nach 1945 überbaut, aber in Anlehnung an die historische Formgebung zur Bundesgartenschau 2001 neu gestaltet. Im Neptunbassin des Neuen Lustgartens spiegeln sich Reste des Neptunbrunnens aus dem 18. Jahrhundert und die Ringerkolonnade, die einst das Verbindungsglied zwischen Stadtschloss und Marstall bildete. 1969 wurden ihre Reste hier neben der Schiffsanlegestelle der Weißen Flotte aufgestellt.

abgerissen worden war. Fremd steht es auf einmal wieder da, wie eine barocke Fata Morgana, hinter deren historisch rekonstruierter Fassade sich ein modernes Landtagsgebäude verbirgt. Es wird ein paar Jahre dauern, bis dieser Anblick vertraut wirkt. Der Wiedergänger des Schlosses schließt die Lücke nicht, die der Krieg und die sozialistische Stadtplanung gerissen haben, er füllt sie nur zu einem kleinen Teil aus und erzeugt neuen Phantomschmerz an den Rändern des Palastes, wo von engen Gassen und Bürgerhäusern nur die freigelegten Kellerfundamente geblieben sind.

Das Schlossgrundstück zwischen Nikolaikirche, Altem Rathaus und Lustgarten war für die Stadtarchäologen in den letzten Jahren ein aufregendes Grabungsfeld. Überreste einer mittelalterlichen Burg haben sie dort lokalisiert. Im Lauf der Jahrhunderte wurde dieser Herrschersitz häufig umgebaut, die angrenzende Fischer- und Handwerkersiedlung mehrfach erobert, verpfändet oder niedergebrannt. Tausend Jahre dümpelte die Siedlung Potsdam im Havelsumpf, dann kam der Dreißigjährige Krieg, und als 1648 endlich der Westfälische Frieden geschlossen wurde, waren drei Viertel der Häuser zerstört oder unbewohnbar, das Wirtschaftsleben weitgehend vernichtet.

Nach dieser Katastrophe erlebten Potsdam und Brandenburg-Preußen einen ähnlichen Aufstieg wie die Bundesrepublik nach dem Zweiten Weltkrieg. Treibende Kraft war der seit 1640 regierende brandenburgische Kurfürst Friedrich Wilhelm, auch der „Große Kurfürst“ genannt. Er ließ das Schloss völlig neu bauen und einen weitläufigen Barockgarten, der bis zur Havel reichte, mit ornamentalen Buchsbaumhecken, sogenannten Broderien, anlegen. Elemente barocker

Die Fassade des Potsdamer Stadtschlosses vor der Zerstörung im Zweiten Weltkrieg, fotografiert durch die Ringerkolonnade, deren Reste heute im Neuen Lustgarten aufgestellt sind. Im Hintergrund der Turm der Garnisonkirche. 2010 begann der Wiederaufbau des Stadtschlosses.

Für den Wiederaufbau des Stadtschlosses – hier noch im Modell – stellte das Land Brandenburg 110 Millionen Euro zur Verfügung. Die historische Fassade wurde durch eine Spende von 20 Millionen Euro finanziert. Etwa 600 Originalbausteine sind darin verbaut worden. Ab 2014 tagt im Schloss das Landesparlament von Brandenburg.

Die ehemalige Orangerie des Stadtschlosses, erbaut ab 1685 an der Nordseite des Lustgartens als „Pomeranzenhaus". Der Soldatenkönig Friedrich Wilhelm I. machte daraus den „Marstall" (Pferdestall). Seit 1981 erinnert dort das Filmmuseum an die große Tradition Potsdams als Zentrum der deutschen Filmproduktion.

Gartengestaltung durchziehen auch den Neuen Lustgarten: Ein Ausschnitt des Broderiengartens wurde rekonstruiert, quaderförmig gestutzte Hecken umschließen einen Bolzplatz, man kann sich in hohen Bosketten verstecken. Aus der Kurfürstenzeit erhalten ist das lang gestreckte barocke Gebäude an seiner Nordseite: Die damalige Orangerie für die Zitronen- und Pomeranzenbäumchen dient seit 1981 als Filmmuseum.
Unter dem Großen Kurfürsten fielen im Potsdamer Schloss erstmals weitreichende politische Entscheidungen. 1685 unterzeichnete er dort das Edikt von Potsdam, eine Einladung an die protestantischen Hugenotten, sich vor der Glaubensverfolgung in Frankreich nach Brandenburg zu retten. Rund 20 000 Franzosen folgten dem Aufruf. Das Kalkül des Kurfürsten, sein kriegsverwüstetes Land neu zu bevölkern, ging auf. Die fleißigen und gut ausgebildeten Einwanderer

187 CONSTIT. MARCHICARUM II. Theil, I. Abth. von Justiz-Sachen &c. 188

digungen versehen, sondern auch dahin bedacht seyn und die Anstalt machen, daß ihnen auch mit Gelde und andern Nothwendigkeiten, deren sie zu Fortsetzung ihres Vorhabens bedürffen werden, so viel müglich assistiret und an Hand gegangen werden soll.

9.

Denen so sich auff dem Lande setzen, und mit dem Ackerbau werden ernehren wollen, soll ein gewiß Stück Landes uhrbar zu machen angewiesen, und ihnen alles dasjenige, so sie im Anfang zu ihrer Einrichtung werden nöthig haben gereichet, auch sonst überall ebener gestalt, begegnet und fort geholffen werden, wie es mit verschiedenen Familien, so sich aus der Schweitz in unsere Lande begeben und darinnen niedergelassen, biß anhero gehalten worden.

10.

So viel die Jurisdiction und Entscheidung der zwischen offt gedachten Frantzösischen Familien sich ereigender Irrungen und Streitigkeiten betrifft, da sind wir gnädigst zufrieden, und bewilligen hiemit, daß in denen Städten, woselbst verschiedene Frantzösische Familien verhanden, dieselbe iemand ihres Mittels erwählen mögen, welcher bemächtiget seyn soll, dergleichen differentien, ohne einige Weitläufftigkeit, in der Güte zu vergleichen und ab zu thun. Daferne aber solche Irrungen unter Teutschen an einer, und Frantzösischen Leuten anderer Seite sich ereugnen, so sollen selbige durch den Magistrat eines ieden Orts und diejenige welche die Frantzösische Nation zu ihrem Schieds Richter erwählen wird, zugleich und gesamter Hand untersuchet, und summariter zu Recht entschieden und erhöret werden, welches denn auch als dann statt haben soll, wann die unter Frantzosen allein vorfallende differentien, dergestalt wie oben erwehnet, in der Güte nicht beygeleget und verglichen werden können.

11.

In einer ieden Stadt wollen wir gedachten Unsern Frantzösischen Glaubens-Genossen einen besondern Prediger halten, auch einen bequemen Ort anweisen lassen, woselbst das exercitium Religionis Reformatæ in Frantzösischer Sprache, und der Gottesdienst mit eben denen Gebräuchen und Ceremonien gehalten werden sol, wie es biß anhero bey den Evangelisch Reformirten Kirchen in Franckreich bräuchlich gewesen.

12.

Gleichwie auch diejenige von der Frantzösischen Noblesse, welche sich biß anher unter Unsere protection und in Unsere Dienste begeben, eben der Ehre, Dignitäten Prærogativen als andere Unsere Adeliche Unterthanen geniessen, Wir auch deren verschiedene zu den vornehmsten Chargen und Ehren-Aemptern an Unserm Hoffe, wie auch bey Unserer Miliz würcklich employret, Also sind Wir auch gnädigst geneigt, ebenmäßige Gnade und Beforderung denen Frantzösischen von Adel, so sich ins künfftige in Unsern Landen werden setzen wollen, zu erweisen, und sie zu allen Chargen, Bedienungen und Dignitäten, wozu sie capabel werden befunden werden, zu admittiren, gestalt denn auch dieselbe, wann sie einige Lehen- und andere Adeliche-Güter in Unsern Landen erkauffen und an sich bringen, dabey eben der Rechte, Gerechtigkeiten, Freyheiten und Immunitäten, deren andere Unsere angebohrne Unterthanen geniessen, sich gleichergestalt in allewege zuerfreuen haben sollen.

13.

Alle Rechte, Privilegia und andere Wohlthaten deren in obstehenden Puncten und Articulen erwehnet worden, sollen nicht allein denen so von nun an ins Künfftige in Unsern Landen anlangen werden, sondern auch denjenigen zu gut kommen, welche vor publication dieses Edicts der biß anherigen Religions-Verfolgungen halber aus Franckreich entwichen, und in gedachte Unsere Lande sich retiriret haben, die aber so der Römisch Catholischen Religion zugethan, haben sich deren in keinerley weyse anzumassen,

14.

In allen und ieden Unsern Landen und Provincien wollen Wir gewisse Commissarien bestellen lassen, zu welchen offt gedachte Frantzösische Leute so wol bey ihrer Ankunfft als auch nachgehends ihre Zuflucht nehmen, und bey denenselben Rath und Beystandes sich erhohlen sollen, Inmassen Wir denn auch allen Unsern Stadthaltern, Regierungen auch andern Bedienten und Befehlshabern, in Städten und auff dem Lande, in allen Unsern provincien, so wol vermittels dieses Unseres offenen Edicts, als auch durch absonderliche Verordnungen, gnädigst und ernstlich anbefehlen wollen, daß sie offterwehnte Unsere Evangelisch-Reformirte Glaubens-Genossen, Frantzösischer Nation, so viel sich derer in Unsern Landen einfinden werden, sammt und sonders unter ihren absonderlichen Schutz und protection nehmen, bey allen oberwehnten ihnen gnädigst concedirten Privilegiis sie nachdrücklich mainteniren und handhaben, auch keinesweges zugeben sollen, daß ihnen das geringste Ubel, Unrecht oder Verdruß zugefüget, sondern vielmehr in Gegentheil alle Hülffe, Freundschaft, Liebes und Gutes erwiesen werden. Urkundlich haben Wir dieses Edict eigenhändig unterschrieben, und mit Unserm Gnaden-Siegel bedrucken lassen. So geschehen zu Potstam, den 29. Octobr. 1685.

Friderich Wilhelm,
Churfürst.

Der Große Kurfürst: Friedrich Wilhelm (1620–1688), Kurfürst von Brandenburg-Preußen ab 1640, erließ das Edikt von Potsdam und baute das Stadtschloss. Gemälde von Adriaen Hannemann, um 1650.

Edikt von Potsdam, erlassen am 29. Oktober 1685. Der Große Kurfürst gewährt den verfolgten französischen Hugenotten Glaubensfreiheit, Niederlassung und wirtschaftliche Privilegien in Brandenburg und Preußen. Etwa 20 000 Glaubensflüchtlinge wanderten ein und trugen zum wirtschaftlichen Wiederaufbau nach den Verwüstungen des Landes durch den Dreißigjährigen Krieg (1618–1648) bei. Mit seiner Einwanderungspolitik schuf der Große Kurfürst die Voraussetzungen für den Aufstieg Preußens zur Führungsmacht in Deutschland im 18. Jahrhundert.

Das Mitte des 18. Jahrhunderts im Auftrag Friedrichs des Großen angelegte Neptunbassin vor dem Stadtschloss, aufgenommen um 1930. Im Wasser spiegelt sich eine Skulpturengruppe, die den Meeresgott Neptun und seine Gattin Amphitrite zeigt. Nur Reste sind davon heute noch erhalten. Sie wurden in das rekonstruierte Neptunbassin des Neuen Lustgartens integriert.

Der Schlosshof mit dem 1701 vom Architekten Jean de Bodt errichteten Fortunaportal vor der Zerstörung im Zweiten Weltkrieg. Beides ist jüngst wiederaufgebaut worden. Dahinter liegt der Alte Markt mit der Nikolaikirche und dem Alten Rathaus.

spielten bei der wirtschaftlichen Erholung des Landes und dem Aufstieg Preußens zur europäischen Großmacht eine wichtige Rolle. Unter den Hugenotten waren viele Gärtner, die Erfahrungen in der Blumenzucht mitbrachten und dafür sorgten, dass frisches Gemüse wie Erbsen, Spargel, Blumenkohl, Chicorée oder Artischocken die königliche Tafel bereicherte.

Friedrich I. (1657–1713), König in Preußen, als Friedrich III. Kurfürst von Brandenburg, ließ das Fortunaportal des Schlosses errichten. Gemälde von Antoine Pesne.

„Dass ich gerne bauen lasse und auch viel von schönen Kleinodien halte, solches gestehe ich gerne, dass es mein Faible ist. Ich finde aber, dass es besser ist, sein Geld im Lande roulieren zu lassen, als allein das Geld in seinen Koffres liegen zu haben, und dass die Untertanen dabei auch leben können“, schrieb 1708 der letzte brandenburgische Kurfürst und erste preußische König Friedrich I. an seine Frau. Um seine Rangerhöhung zu demonstrieren, ließ er 1701 das prunkvolle Fortunaportal als neuen Eingang zum Schlosshof am Alten Markt bauen. Das zu DDR-Zeiten abgerissene Prunkportal mit der goldenen Glücksgöttin auf der Spitze ist bereits 2002 erneut eingeweiht worden, ermöglicht wurde der Wiederaufbau durch Spenden von Potsdamer Bürgern, allen voran der Fernsehmoderator Günther Jauch. Danach galt es nur noch als eine Frage der Zeit, bis der Rest des Schlosses wieder da stehen würde – etwas mehr als zehn Jahre hat es gedauert.

Der Bauherr Friedrich I. besaß eine Prunkjacht, die am Lustgarten vor Anker lag und mit der er zu Vergnügungen nach Glienicke oder Caputh segelte. Das Hafenbecken befand sich gleich hinter dem heutigen Schiffsanleger. Mitte des 18. Jahrhunderts ließ Friedrich der Große die Verbindung des Beckens zur Havel kappen. So entstand das Neptunbassin, in dem sich das Schloss spiegelte. Der Meeresgott und seine Gattin Amphitrite

Die Ringerkolonnade wurde 1745/46 nach Plänen Georg Wenzeslaus von Knobelsdorffs errichtet und verband Stadtschloss und Marstall. Ursprünglich bestand sie aus 14 Säulenpaaren, in die acht von verschiedenen Bildhauern geschaffene Ringergruppen eingestellt waren. Etwa die Hälfte der Kolonnade ist noch erhalten und am Neuen Lustgarten aufgestellt.

tauchten im pferdebespannten Wagen aus den Fluten auf, von Tritonen eskortiert. Friedrich der Große gab die Figurengruppe aus vergoldetem Blei in Auftrag, später wurde sie in Stein gehauen. In DDR-Zeiten wurde das beschädigte Neptunbassin zugeschüttet, zur Bundesgartenschau wieder ausgegraben. Nur das Fundament der Neptungruppe und zwei Figuren sind erhalten, das fehlende Personal deuten jetzt gebogene Metallröhren an. Sie versprühen feine Wassernebel, die der Wind kühlend über die Böschung des Beckens weht.
Ebenfalls aus der Zeit Friedrichs des Großen stammt die Kolonnade mit den kräftigen Ringerskulpturen, die einst Stadtschloss und Marstall verband und deren Reste heute zwischen Neptunbassin und Schiffsanleger stehen. Georg Wenzeslaus von Knobelsdorff hat sie entworfen, der Architekt von Schloss Sanssouci. Friedrich beauftragte ihn 1744 mit dem repräsentativen Ausbau des Stadtschlosses, das als Potsdamer Winterresidenz diente, inklusive des Lustgartens. Unter seinem Vater Friedrich Wilhelm I. hatte es stark an Glanz verloren, die barocken Anpflanzungen waren teilweise aufgegeben, die Orangerie in einen Pferdestall umgewandelt worden. Auf dem staubigen Platz exerzierten die „Langen Kerls“ des Soldatenkönigs. Knobelsdorff gab dem Schlossbezirk die Gestalt, die bis zum Zweiten Weltkrieg die Wahrnehmung Potsdams stark bestimmte. Wer über die Lange Brücke, den ältesten und wichtigsten Havelübergang, in die Stadt kam, sah zuerst das Schloss und blickte durch eine lange Kolonnadenreihe in den Lustgarten mit dem Neptunbassin.
Am lauschigsten ist die mittlere Parkpartie mit den schönen alten Linden und Eichen, sie dokumentiert die Anpassung des barocken Gartens an das Ideal eines

Landschaftsparks im 19. Jahrhundert. Der in Potsdam allgegenwärtige Gartenarchitekt Peter Joseph Lenné hatte hier seine Hand im Spiel. Nach schweren Bombenschäden im Zweiten Weltkrieg wurde im Sozialismus nicht nur das Stadtschloss, sondern auch der Lustgarten planiert. An seine Stelle traten das Ernst-Thälmann-Stadion und ein Karl-Liebknecht-Forum als Kulisse für staatlich organisierte Aufmärsche. Dort, wo einst die Schlossfenster auf den Lustgarten mit dem Neptunbassin hinausgingen, errichteten die DDR-Planer das 16-stöckige, mittlerweile privatisierte Interhotel (jetzt „Mercure") als neue städtebauliche Dominante. Potsdam sollte sich nicht länger als schönste Erinnerungsstätte der preußischen Monarchie präsentieren, sondern als moderne sozialistische Stadt.

Das hässliche Stadion musste zur Bundesgartenschau dem Neuen Lustgarten weichen, aber das Andenken an die sozialistische Vergangenheit wurde nicht ganz gelöscht. Große Mosaikwände mit Bildern aus dem Leben des KPD-Führers Karl Liebknecht wurden von der Breiten Straße gegenüber dem Marstall in die Nähe des Neptunbeckens versetzt, eine dem Politiker gewidmete Bronzeskulptur des Bildhauers Theo Balden mit dem Titel „Herz und Flamme der Revolution" fand neben dem Hotelhochhaus ihren Platz. Dass diese Zeugnisse des Liebknecht-Kultes nicht völlig aus dem Verkehr gezogen wurden, mag auch damit zusammenhängen, dass der Geehrte tatsächlich in Potsdam tätig war. 1912 erkämpfte Liebknecht im Wahlkreis Potsdam ein Reichstagsmandat für die Sozialdemokraten. Dass so etwas in der verhätschelten Lieblingsstadt des Kaisers passieren konnte, war eine dicke Blamage für die konservativen Kräfte.

Mosaikwand des 1983 als Kulisse für staatlich organisierte Aufmärsche eingeweihten Karl-Liebknecht-Forums. Zwischen den monumentalen Porträts von Karl Marx und Friedrich Engels ist Karl Liebknecht dargestellt, der unter dem Roten Stern die Ketten sprengt. Der spätere KPD-Führer errang 1912 im Wahlkreis Potsdam ein Reichstagsmandat für die Sozialdemokraten. Die von Kurt-Hermann Kühn gestaltete Mosaikwand wurde 2001 von der Breiten Straße gegenüber dem Marstall in die Nähe des Neptunbeckens im Neuen Lustgarten versetzt.

Der Geist von Potsdam

Potsdam z. B. erscheint uns als ein solches Denkmal, durch seine öden Straßen wandern wir wie durch die hinterlassenen Schriftwerke des Philosophen von Sanssouci, es gehört zu dessen œuvres posthumes, und obgleich es jetzt nur steinernes Makulatur ist und des Lächerlichen genug enthält, so betrachten wir es doch mit ernstem Interesse, und unterdrücken hie und da eine aufsteigende Lachlust, als fürchteten wir plötzlich einen Schlag auf den Rücken zu bekommen, wie von dem spanischen Röhrchen des alten Fritz.

Heinrich Heine, Reisebilder (1828)

Ansicht der Garnisonkirche vom Lustgarten, im Vordergrund die Kopfbauten Knobelsdorffs von 1748. Messbildaufnahme, um 1935.

Schwarze Tage

Die Garnisonkirche und Preußen

Potsdam blüht. Nüchtern und neudeutsch gesagt: Es boomt. Die Karawanen von Touristenbussen auf den Parkplätzen vor den Gartentoren und der Fortschritt der Sanierungsarbeiten allenthalben in der Stadt sind jedenfalls Indiz dafür, dass Potsdam trotz mancher Querelen in Politik und Wirtschaft aus seinem Grundkapital an Geschichte, Kultur und Tradition wieder Zinsgewinne zieht; und auch der Plan zum Wiederaufbau der Garnisonkirche, des Potsdamer Wahrzeichens, ist kein Wegwerfpapier mehr.

Ein Grundstein für den Wiederaufbau wurde im Jahr 2005 gelegt, allerdings ebbte auch danach der Streit um das geschichtsbelastete Bauwerk nicht ab. Seit 2008 treibt eine neue Stiftung, getragen von Stadt, Land und evangelischer Kirche, das Projekt einer offenen Stadtkirche voran, die eindeutig dem Frieden und der Versöhnung gewidmet sein soll.

Das Glockenspiel, das vom Turm herab tönte, heute eine auf freiem Gerüst montierte Nachbildung, mischt sich seit 1991 wieder in den Straßenlärm: zur vollen Stunde „Lobe den Herren“ und zur halben „Üb' immer Treu' und Redlichkeit“. Die Klänge zu Worten, die wie Gebote eines strengen Untertanenvaters anmuten, waren die Leitmelodie dieser Stadt, deren Name zum Inbegriff für alles wurde, was als „preußisch“ gepriesen – oder geschmäht wurde; denn an Potsdam schieden sich die deutschen Geister wie sonst an keinem historischen Ort.

Nicht Königsberg, wo am 18. Januar 1701 der Kurfürst Friedrich III. von Brandenburg sich als Friedrich I. eigenhändig zum König in Preußen krönte, und auch nicht Berlin, der Regierungssitz, sondern Potsdam wurde Preußens wahre Hauptstadt.

In der Gruft der Garnisonkirche waren Preußens bedeutendste Könige bestattet, Friedrich II., der als Friedrich der Große gefeiert und als Alter Fritz verehrt wurde, und dessen Vater Friedrich Wilhelm I., den man den „Soldatenkönig“ nannte; er hatte die gedrillten Regimenter nebst Fässern voller Geld hinterlassen, die es dem Sohn erlaubten, das Kriegsglück herauszufordern. Im Kirchensaal erinnerten zerschlissene Fahnen und Standarten mehr an gewonnene als an verlorene Schlachten. „Gott mit uns“ war Generationen von

Soldaten, deren Offiziere durch die Jahrhunderte fast durchweg aus preußischem Adel stammten, gepredigt worden. In dieser Kirche, der Kirche der Gardetruppe, glaubte man in einem Fluidum von Frömmigkeit und Tapferkeitsbereitschaft sinnfällig jenen Geist zu spüren, der als der „Geist von Potsdam" beschworen wurde.

Potsdam, 21. März 1933: Die halbe Stadt hatte Uniform angelegt, Feldgrau, SA-Braun, auch noch das Preußischblau aus wilhelminischer Ära. Militärmusik schmetterte. Reichswehrkompanien präsentierten das Gewehr.

Aufnahmen der Garnisonkirche aus den 1920er- und 1930er-Jahren. Vor der Kirche stand ein Denkmal Friedrichs des Großen (links), in der Gruft wurde er 1786 neben seinem Vater Friedrich Wilhelm I. beigesetzt (rechts unten). Im Kirchensaal erinnerten Fahnen und Standarten an vergangene preußische Schlachten (rechts oben).

So begann der schwarze „Tag von Potsdam", der 21. März 1933. Vor Eröffnung des Reichstags durch einen Staatsakt in der Potsdamer Garnisonkirche begrüßte Reichskanzler Adolf Hitler – in Zivil – den Reichspräsidenten Paul von Hindenburg.

Die Regierungschefs Großbritanniens, der USA und der Sowjetunion – Clement Attlee, Harry S. Truman und Josef Stalin (in Korbstühlen von links) – besiegelten auf der Potsdamer Konferenz im Sommer 1945 das Ende Preußens.

Den Marschallstab in der Hand, mit der Pickelhaube behelmt, schritt Reichspräsident von Hindenburg die Front ab. Hitler trug Gehrock und Zylinder. Seit dem 30. Januar war er Reichskanzler, und manches konservative Gemüt, besonders in Potsdam, hegte die absurde Hoffnung, Hitler werde dafür sorgen, dass auf den greisen Reichspräsidenten wieder ein deutscher Kaiser folge. Der neue Reichstag wurde in der Garnisonkirche eröffnet. Hitlers wirkungsvollste Geste: Er stieg hinab in die Gruft und verharrte vor den Sarkophagen der Preußenkönige. Es war der bejubelte „Tag von Potsdam“. Dass es Potsdams erster schwarzer Tag war, begriffen nur wenige von denen, die angesichts der Fahnen alter Garderegimenter, mit denen die Reichswehr paradierte, einem erstarkten Geist von Potsdam zu huldigen meinten. Ein Dutzend Jahre darauf hatte die Stadt ihren zweiten schwarzen Tag.

Potsdam, 14. April 1945: Bombenflugzeuge der britischen Royal Air Force zerschlugen in einem Nachtangriff den Stadtkern. 856 Gebäude wurden völlig, 248 teilweise zerstört, 3301 beschädigt. Die Garnisonkirche brannte aus. Die meisten Häuser an der Breiten Straße, der Paradestraße am „Tag von Potsdam“, lagen in Schutt. Aus der Garnisonkirche sind zwei silberne Altarleuchter geborgen worden, die Karl Friedrich Schinkel, der klassische preußische Architekt, entworfen hatte; als Designer, wie man heute sagen würde, gab er unter anderem auch dem Eisernen Kreuz, dem 1813 gestifteten Soldatenorden, die markante Form. Die beiden Leuchter stehen in der Nikolaikirche, von Uralt-Potsdamern betrachtet wie Reliquien, Zeugnisse des Geistes von Potsdam, der zum Gespenst degeneriert war. Fast 4000 Menschen hatten den Tod erlitten.

Folgende Doppelseite:
Das ausgebrannte Potsdamer Stadtschloss nach dem Zweiten Weltkrieg, im Hintergrund die Ruine der Garnisonkirche. Beide wurden trotz relativ guter Substanzerhaltung auf Befehl des DDR-Politbüros gesprengt.

Potsdam, 2. August 1945: Im Schloss Cecilienhof, dem Sommerwohnsitz des letzten deutschen Kronprinzen, unterzeichneten der amerikanische Präsident Truman, der sowjetische Diktator Stalin und der britische Premierminister Attlee, der Nachfolger des abgewählten Winston Churchill, das Potsdamer Abkommen der alliierten Siegermächte. Am 17. Juli hatte die Potsdamer Konferenz begonnen. Zu ihrem Ergebnis, das Deutschlands Niederlage im Zweiten Weltkrieg besiegelte, gehörte der Verlust aller Gebiete östlich der Oder-Neiße-Linie; sie waren alle preußisch gewesen. Der Beschluss, dass die Besatzungszonen eine Wirtschaftseinheit bilden sollten, wurde nie verwirklicht. Aus der Sowjetzone, in ihr die Mark Brandenburg, das Kernland Preußens, entstand die DDR; Potsdam wurde eine ihrer Bezirkshauptstädte. Seine innenpolitische Eigenständigkeit hatte Preußen schon eingebüßt, als seine Regierung am 6. Februar 1932 vom damaligen Reichskanzler von Papen staatsstreichartig abgesetzt wurde; als „Reichskommissar" übernahm Papen selbst die Oberaufsicht über das größte Land im Deutschen Reich. Unter Hitler wurde Göring Ministerpräsident von Preußen; die preußischen Ministerien aber wurden alsbald von den Reichsministerien vereinnahmt. Mit dem Potsdamer Abkommen war das Restleben Preußens ausgelöscht. Das alliierte Kontrollratsgesetz vom 25. Februar 1947, das den „Staat Preußen, seine Zentralregierung und alle untergeordneten Behörden" für aufgelöst erklärte, war nur noch juristischer Aktennachklapp. Preußen als Staat verschwand aus der Wirklichkeit, nicht aber aus den Köpfen.

Die Lange Brücke zu Potsdam auf einer Zeichnung von Wilhelm Barth aus dem Jahr 1828. An dieser Stelle existierte schon im Mittelalter eine Brücke über die Havel, sie hatte eine Schlüsselfunktion für die Entwicklung der Stadt. 1888 ersetzte eine Steinbrücke die Holzkonstruktion, heute verbindet hier eine Spannbeton-Balkenbrücke die Stadt mit dem Hauptbahnhof und dem Shoppingcenter Bahnhofspassagen auf den anderen Havelseite.

Fischer und Soldaten
Potsdams Karriere

An Potsdam – der Name war ein Synonym für Preußen – hatten sich die Gemüter in Deutschland, zumal in der ersten deutschen Republik, als man dem Geist von Potsdam einen Geist von Weimar entgegensetzen wollte, aufs schärfste geschieden. Für die einen war es die feste Burg patriotischer Tugenden, mit einem Wort Friedrich Wilhelms I. ein „rocher de bronce", ein erzener Fels in der Brandung wirrer Zeitgeschichtswogen; die anderen beargwöhnten Potsdam als eine Bastion reaktionärer Beamtenschaft, hochmütig kriegs- und auch bürgerkriegslüsternen Militärs und dienernder Höflinge, die ihren Kaiser Wilhelm wiederhaben wollten. Pathos wie Kritik waren oft übertrieben; in der

Sache hatten beide Seiten nicht ganz unrecht. In Potsdam hatte Wilhelm II., König von Preußen und deutscher Kaiser, in einer seiner unglückseligen Reden die zur Vereidigung angetretenen Rekruten des 1. Garderegiments zu Fuß, des vornehmsten Regiments in Preußen, angeschnarrt: Wenn er es befehle, hätten sie auch auf ihre Väter und Brüder zu schießen. Solche Sätze waren in der Weimarer Republik noch längst nicht vergessen. Doch Potsdam war nie nur ein Ort des Säbelrasselns und des Hipphipphurras blindgehorsamer Untertanen. Preußen habe einen Januskopf, hatte Anfang des 19. Jahrhunderts die deutschlandkundige Französin Madame de Staël geurteilt, den Kopf jenes altrömischen Gottes, der mit zwei Gesichtern, vorn und hinten am Haupt, dargestellt wurde; das eine Gesicht sei „militärisch", das andere aber „philosophisch". Die Stadt, deren Geschichte mit Preußens Aufstieg schicksalhaft und mit seinem Fall auch schuldhaft verknüpft ist, hat noch ein drittes, ein anheimelndes Gesicht. Sie hat es trotz Lücken und Narben im Stadtbild gut bewahrt: Potsdam wirkt großenteils einfach schön, in seinen schönsten Parks nahezu märchenhaft. Also, sie wussten schon, die Hohenzollern, die reichsten und mächtigsten Fürsten im Preußenland, warum sie hier und nicht anderswo ihre Sommerresidenzen hatten.

Preußen ist tot; Potsdam ist mehr als tausend Jahre alt. Am Anfang war es ein Fischernest, verkehrsgünstig gelegen an einem Übergang über die Havel. Im Zuge der Völkerwanderung waren die Gebiete östlich der Elbe von Westslawen, den Wenden, besiedelt worden; im 10. Jahrhundert begann die deutsche Kolonisation des Havellandes. Das erste Datum in der Geschichte Pots-

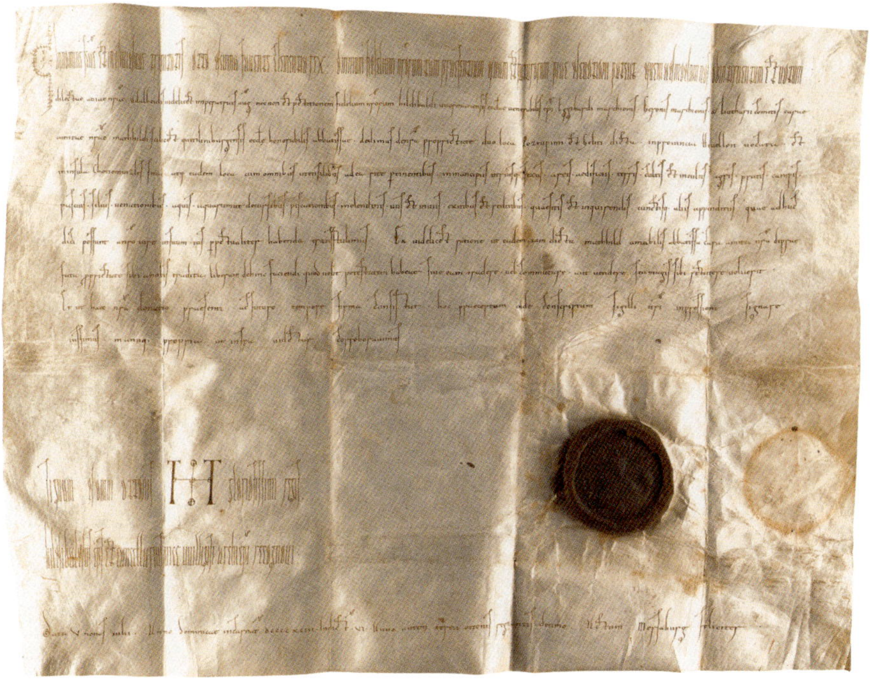

dams ist der 3. Juli 993. Es steht auf der Schenkungsurkunde, mit der Kaiser Otto III., 13 Jahre alt und von wem auch immer veranlasst, „Poztupimi et Geliti“, Potsdam und das nicht weit von ihm entfernte Geltow, der Reichsabtei Quedlinburg übereignete; Äbtissin war dort seine Tante Mathilde. Als Albrecht der Bär, der erste Markgraf von Brandenburg, nach Aufständen der Wenden um 1150 das Havelland endgültig dem Kaiserreich sicherte, ließ er eine hölzerne Burg anlegen, die um 1220 durch eine aus Stein ersetzt wurde; sie stand, wie Ausgrabungen zeigten, nahe der heutigen Langen Brücke auf dem Gelände des nachmaligen Stadtschlosses. Ihre Mauer umschloss auch die Siedlung „Potstamp“. Das lateinisch bezeichnete „Poztu-

Erste schriftliche Erwähnung Potsdams – als „Poztupimi“ – in einer Urkunde Kaiser Ottos III. aus dem Jahr 993.

Friedrich Wilhelm I. (1688–1740), der Soldatenkönig. Unter seiner Herrschaft avancierte Potsdam zur wichtigsten Garnisonsstadt Preußens. Gemälde von Antoine Pesne, um 1733.

pimi“ hatte sich einige Hundert Schritte östlich an der heutigen Burgstraße befunden. Aus dem Jahr 1573 weiß man, dass Potsdam – als „civitas“, Stadt, schon 1317 urkundlich bezeichnet – rund 2000 Einwohner hatte. Nach dem Dreißigjährigen Krieg (1618–1648), in dem die Mark Brandenburg verwüstet wurde, waren es noch etwa 700; Potsdam war ein kläglicher Ort; aber er war umgeben von wildreichen Wäldern.

Seine Jagdleidenschaft trieb den Kurfürsten Friedrich Wilhelm von Berlin nach Potsdam, den ersten Hohenzollern, dem die Geschichtsschreiber das Prädikat „der Große“ gaben. Er ließ das verwahrloste Stadtschloss abreißen, ein neues bauen, die Lange Brücke über die Havel erneuern, einen neuen Markt, den heutigen Alten Markt, und einen Lustgarten anlegen, einen Park zum Promenieren und Feiern; und die verelendete Kleinstadt begann aufzublühen. Zum ersten Mal bezogen in Potsdam auch Soldaten ständiges Quartier. Friedrich Wilhelm stellte das erste Heer in Brandenburg-Preußen auf, das auch in Friedenszeiten beisammenblieb. Die größte Kriegstat des Großen Kurfürsten war sein Sieg über die Schweden, 1675 bei Fehrbellin, in jener Schlacht, die mehr als ein Jahrhundert danach Heinrich von Kleist zum *Prinz von Homburg*-Drama inspirierte. Seine größte Friedenstat war am 8. November 1685 das Edikt von Potsdam, ein Erlass, mit dem er sein Land den Hugenotten öffnete, französischen Protestanten, die vor der Zwangskatholisierung flüchteten. Brandenburg-Preußen wurde Einwanderungsland auch für Schweizer, Pfälzer und andere. Als der Große Kurfürst 1688, in seinem 48. Regierungsjahr, im Potsdamer Schloss verstarb, hinterließ er einen aufgefrischten soliden Staat, den sein Nachfolger allerdings an

Friedrich II. (1712–1786), genannt „der Große“, zu Pferde bei der Wachtparade in Potsdam. Radierung von Daniel Chodowiecki, 1777.

den Rand des finanziellen Ruins bringen sollte: Friedrich I., Preußens erster König, unterstrich seine Würde mit allem Pomp des Barock.

Umso knauseriger war der nächste, Friedrich Wilhelm I., der seinen Drang zur Sparsamkeit jedoch prompt vergaß, sobald er „Lange Kerls“ kaufen konnte, Soldaten von einer Statur, die seither als Gardemaß bezeichnet wird. Sofort mit Regierungsantritt, 1713, war er mit seinem Leibbataillon, den „roten Grenadieren“, in Potsdam einmarschiert. Die Kleinstadt avancierte zur Garnisonshauptstadt Preußens. Fast zweieinhalb Jahrhunderte war nun der Name Potsdam ein Begriff für Disziplin, Pflicht, Dienen, aber auch Drill, Hackenknallen, Parademarschtritt, Säbelrasseln. Der schneidige Befehlston wurde laut, der in Deutschland schließlich als typisch Potsdamer Ton empfunden wurde, als militaristische Stimme preußischen Machtanspruchs. Für Friedrich Wilhelm I. blieb die Armee freilich nur dräuende Dekoration seines Staates; aus Kriegen hielt der Soldatenkönig sie jedenfalls heraus. Die führte der Sohn, Friedrich der Große, der sich mit

Folgende Doppelseite: Potsdam um 1750, von Süden gesehen. Die Lange Brücke führt vom Brauhausberg hinüber in die Stadt. In der Mitte Marstall und Stadtschloss mit dem Lustgarten, links der Turm der Garnisonkirche.

Po
13
14
12
16

DAM

Schloss Sanssouci ein privates Refugium schuf und mit dem Neuen Palais seinen Machtanspruch demonstrierte.

Eine Garnison von 5000 Soldaten, fast alle in Dauereinquartierung in mehr als tausend Bürgerhäusern, und etwa 18 000 Personen „Zivilbevölkerung" wurden nach Ende der friderizianischen Ära in Potsdam gezählt. Die „Potsdamer Wachtparade", die vordem bewunderte Grenadiergarde, war in ihrem Reglement erstarrt und wurde in den Kriegen gegen Napoleon vernichtend geschlagen. „So vergeht der Ruhm der Welt", soll der Franzosenkaiser gesagt haben, als er 1806 in der Gruft der Garnisonkirche vor dem Sarkophag des 1786 gestorbenen Preußenkönigs stand.

Nach den napoleonischen Kriegen war ein Drittel der Potsdamer Einwohnerschaft, unter ihnen Hunderte von Soldatenwitwen und -waisen, buchstäblich bettelarm. Einen wirtschaftlichen Aufschwung gab es zunächst nur für das Potsdamer Tuchgewerbe, das von Heeresaufträgen lebte, und durch die Gewehrfabrik, die 1817 mit mehr als 200 Arbeitern der größte Betrieb am Ort war. Mit dem Bau von immer mehr Kasernen, und weil der Staat zahlreiche höhere Verwaltungs-, Justiz- und Militärbehörden in die beliebte Hohenzollernresidenz verlegte, begann die Epoche, in der Potsdam vollends in den Ruf einer Erzpreußenstadt geriet. Doch jene Zeiten, da schon sein Name allein das explosive Aufreizwort im historisch-politischen Streit der Deutschen war, sind verrauscht.

Das heutige Potsdam, Hauptstadt des Bundeslandes Brandenburg, kann als einzige Stadt auf ehemaligem DDR-Territorium einen kontinuierlichen Einwohnerzuzug verzeichnen. Durch eine konsequente Woh-

Potsdam vom Brauhausberg gesehen auf einer Postkarte von 1907. Die Stadt dehnte sich im 19. Jahrhundert auf die südliche Seite der Havel aus, dort entstanden Industriebetriebe, insbesondere für die Ausrüstung des preußischen Heeres.

nungsbaupolitik, die die Sanierung der Neubaugebiete aus der DDR-Zeit, aber auch die Ausweisung von Baugebieten auf ehemals militärisch genutzten Flächen umfasst, wird dem Zuzug Rechnung getragen.

Die Großstadt Potsdam, der man nicht anmerkt, dass sie Großstadt ist, verdankt ihren neuen Aufschwung natürlich auch der S-Bahn-Nähe zur Metropole Berlin. Doch sie blüht auf aus eigener Wurzel; und dass ein ödes Gelände im Norden der Stadt, auf dem die sowjetischen Truppen übten und schon die preußischen Obristen ihre Regimenter gedrillt hatten, zum Ort der Bundesgartenschau 2001 avancierte – das mag Episode sein und ist doch ein gleichnishaftes Beispiel dafür, wie sich der Gang der Geschichte im Potsdamer Stadtbild spiegelt.

Schlösser

Aber Du weißt, wie ich im Anschauen lebe; es sind mir tausend Lichter aufgegangen. Und dem alten Fritz bin ich recht nah worden, da hab ich sein Wesen gesehn, sein Gold, Silber, Marmor, Affen, Papageien und zerrissne Vorhänge, und hab über den großen Menschen seine eigenen Lumpenhunde räsonnieren hören.

Goethe an Johann Heinrich Merck, 5. August 1778

Wo die private Historie wohnt

Schloss Sanssouci

Friedrich II., der Große. Porträtgemälde von Johann Georg Ziesenis, 1769.

Wer heute die Treppe im terrassierten Garten zu dem kleinen Schloss hinaufgeht, das eigentlich nur Wohnhaus war, gleichsam ein Rokoko-Bungalow, der steigt hinauf zu einem Mythos: Der Feingeist und Entfessler eines Raubkrieges, Eroberer der reichen Provinz Schlesien, der Verteidiger seines Landes in siebenjährigen Feldzügen, der große König, in dessen Regierungszeit, 1740 bis 1786, Preußen eine Großmacht wurde, und der am liebsten hörte, dass man ihn rühmte als „Philosophen von Sanssouci" – dort hat er gelebt, ist er gestorben.

Noch bevor 1745 der Grundstein zu dem legendär gewordenen Schloss gelegt war, hatte Friedrich II., erst 33 Jahre alt, in dessen Nachbarschaft eine Gruft ausheben lassen; und wenn er dort oben sein werde, sagte er einmal bei einem Spaziergang, zur Anhöhe deutend, „werde ich ohne Sorge sein". Er sagte es in der Sprache, die er, im Gegensatz zur deutschen, in ihren Feinheiten beherrschte: „Je serais sans souci." Seine Begleiter mögen an das Grab gedacht haben; doch so hat das Schloss seinen Namen erhalten.

Errichtet und ausgestattet von Knobelsdorff nach der detaillierten Anweisung des Bauherrn, ist Schloss Sanssouci abgeschirmt von der Sorgenwelt durch ein Areal von Parks und Gärten, in denen der Zauber des Zeitlosen, Märchenhaften und Exotischen die raue Wirklichkeit vergessen macht: Götterstatuen, klassische Allegorien, Tempelchen, Neptungrotte, künstliche Ruinen, dazu ein chinesisches Teehaus … Sternenfern von Krieg und schnöder Politik scheint Sanssouci zu

Folgende Doppelseite: Große Fenster verbinden die Wohnräume Friedrichs II. mit den Weinbergterrassen von Schloss Sanssouci. Die Venusfigur links im Bild war ein Geschenk des französischen Königs Ludwig XV. an Friedrich den Großen und wurde 1752 am Bassin unterhalb der Schlossterrassen aufgestellt. Die Originalskulptur des Bildhauers Jean-Baptiste Pigalle ist heute im Berliner Bode-Museum zu sehen, sie wurde 1904 durch eine Kopie ersetzt. Diese musste 2010 ausgetauscht werden.

SANS SOUCI

Friedrich II. als Soloflötist in Sanssouci: So stellte sich der Maler Adolph Menzel 1852 den von ihm bewunderten König vor. Das vielfach kopierte und für Filmszenen nachgestellte Bild hängt heute in der Alten Nationalgalerie in Berlin.

liegen: Das Konzert von Sanssouci, der König spielt die Querflöte, und seine fast tägliche Stunde, elf bis zwölf Uhr, in der Bildergalerie, Rubens, Correggio, der bevorzugte Watteau, und die Tafelrunde der nach neuester französischer Mode gekleideten Literaten und Causeure mit dem Esprit-Gefunkel Voltaires – dieses Schloss ist umrankt von Geschichten und Anekdoten. Es war damals schon eine exquisite Fremdenverkehrsattraktion, als Engländer und Franzosen ihre Nasen an die Fensterscheiben drückten, um einen Blick auf den großen Frédéric zu erhaschen, der alt und müde in seinem Sessel hockte, eine noch lebende europäische Legende. Kein halbes Dutzend Soldaten übrigens ging rund um Sanssouci lässig Wache.

Er wolle „nicht wie die Römer" bauen, nicht für eine Ewigkeit, sagte Friedrich II. einmal zu Anfang seiner

Regierungszeit dem Inspektor der Potsdamer Schlösser und Gärten: „Es soll nur bei meinem Leben dauern"; dann mag's zerfallen. Zunächst aber hatte es so ausgesehen, als wollte er in Potsdam überhaupt nicht bauen. Er hatte in Rheinsberg seinen kronprinzlichen „Musenhof" geführt, weitab vom „Gamaschendienst" auf dem Exerzierplatz, in wohltuender Distanz zum Vater. Die Seelenwunde, die der Alte dem Jungen, gescholten als „Französling" und „Weichling", dem es preußische Härte einzubläuen galt und dessen besten Freund er hatte hinrichten lassen, geschlagen hatte, war in Versöhnung vernarbt; der fürchterliche Vater-Sohn-Konflikt blieb aber tiefer Grund, warum Friedrich sich in kalte innere Einsamkeit, getarnt mit Zynismus, flüchtete; schärfer akzentuiert: in eine Egozentrik, die nicht zuletzt in Ort und Art seines Wohnens Ausdruck finden sollte.

Schloss Rheinsberg war zu klein für einen Herrscher und zu fern von Berlin, an dessen Hauptstadtrang nicht der leiseste Zweifel war. Am besten gefiel dem neuen König offenbar das Berlin nahe Schloss seiner Großmutter Sophie Charlotte, einer Freundin des Philosophen und Rundumgelehrten Leibniz. „Charlottenburg", hat Friedrich II. in seiner Geschichte des Hauses Brandenburg geschrieben, „war Mittelpunkt der Leute von gutem Geschmack. Allerlei Vergnügungen und Festlichkeiten jeder Art machten den dortigen Aufenthalt genussreich und den Hof glänzend." Seine erste Bau-Order war, das Schloss zu vergrößern. Nach Rückkehr aus seinem ersten Feldzug, in dem er den größten Teil Schlesiens und die Grafschaft Glatz erobert hatte, war er sich aber sicher, dass er die „Pflanzstätte" seiner Armee gleichsam vor seiner Haus-

Georg Wenzeslaus von Knobelsdorff (1699–1753) war zunächst Soldat, dann künstlerischer Berater und Architekt Friedrichs II. in dessen Kronprinzenzeit und in den ersten Jahren seiner Regentschaft. Porträtgemälde von Adam Manyoki, 1732.

tür haben müsse; und weil es unmöglich war, die Truppe aus Potsdam nach Charlottenburg zu verlegen, zog er also doch in die vom Vater geprägte kleine Stadt, die er möglichst gemieden hatte, und dementierte auch seinen Vorsatz, nichts zu bauen, was ihn überdauern solle – wenn auch, als er früh zum Greis gealtert war, Sanssouci durchaus den Eindruck erweckte, als schere er sich in der Tat nicht um irgendeine Ewigkeit.

Wie für seinen Vater und anders als für die anderen preußischen Könige war für Friedrich den Großen Potsdam nicht nur Sommer-, sondern neben Berlin Hauptwohnsitz. Friedrich Wilhelm I. hatte im Potsdamer Stadtschloss residiert. Im Winter oder bei schlechtem Wetter wohnte dort auch sein Nachfolger; Sanssouci aber war Friedrichs Heim, sein Zuhause.

Lage, Ausmaß und Aussehen wurden in den entscheidenden Fragen von Friedrich selbst bestimmt und entgegen fast sämtlichen Konventionen für den Bau von Königsschlössern festgelegt. Er wählte ein ödes Ackergelände, Kohlgärten mit dem Wüsten Berg, der als Weinberg kultiviert wurde. Er beschränkte sich auf ein Haus für ihn allein nebst ein paar Gästen. Er ließ ihm zwei Gesichter geben: An der Auffahrtseite, der Nordseite, wirkt auch Sanssouci mit Säulen, Kolonnade, Ehrenhof offiziell-repräsentativ, gebietet es Respekt vor einem mächtigen Herrn; an der Gartenseite hingegen spiegelt es die Intimität des Privaten, suggeriert es Lebensglück in Distinktion, herausgehoben aus der banalen Sorgenwelt. Und Friedrich setzte durch, dass es ebenerdig liegt und nicht, wie Knobelsdorff es wünschte, unterkellert und ein paar Stufen über der Terrasse.

Das Schlösschen Sanssouci, von der Gartenseite aus gesehen, auf einem Kupferstich von Georg Balthasar Probst, um 1750. Architekt Knobelsdorff fand, dass das Schloss von unten zu bescheiden wirkte, aber das kümmerte Friedrich II. nicht.

Friedrichs Architekt Georg Wenzeslaus von Knobelsdorff, ein Brandenburger aus der Gegend von Crossen, war Offizier gewesen, ein Gefährte in Rheinsberger Tagen, als er sich der Kunst, auch der Malerei, zuwandte und seine Studien auf einer Italienreise und in Paris komplettierte. Schon im ersten Regierungsjahr ernannte Friedrich ihn zum obersten Baubeamten; und Knobelsdorff schuf den Stil, der als „friderizianisches Rokoko" in die Kunstgeschichte eingegangen ist: mit feingliedrigen klassizistischen Elementen und einer ausgereiften, nicht mehr üppig wuchernden Ornamentik. Sanssouci ist sein Paradestück.

Wer sich im Blick vom Rondell aus, in der postkartenbekannten Perspektive zur Anhöhe, auch Nüchternheit erlaubt, wird freilich bemerken, dass Sanssouci dort oben eine Spur zu flach, ein bisschen gedrückt erscheint; Knobelsdorff hatte recht: Zu den 132 Stufen, die man heute den Hang hinaufgeht, hätten noch ein halbes Dutzend mehr unmittelbar am Schloss hinzukommen müssen, und es würde sich dem Betrachter noch schöner zeigen. Aber Friedrich dachte nicht daran, Rücksicht auf besondere Außenwirkung zu nehmen. Er wollte aus der Tür stante pede auf die Terrasse, von der er wie von einem Feldherrnhügel über Potsdam hinwegschauen konnte.

Der König trieb die Arbeiten, die von Jan Bouman geleitet wurden, einem Holländer, der in Potsdam auch den Bau des Holländischen Viertels abschloss und Architekt des Rathauses war, mit Ungeduld voran. Einige Räume waren noch nicht fertig eingerichtet, als Friedrich am 19. Mai 1747, vier Jahre nach der Grundsteinlegung, einzog – ins eleganteste Haus seiner Zeit. In seiner Mitte befinden sich Vor- und Marmorsaal, in dem einen Flügel fünf Gästezimmer, in dem anderen die Wohnung des Königs: Empfangszimmer, Musikzimmer, zu ihm offen das Arbeitszimmer mit dem Alkoven, in dem er schlief, am Ende der Suite, im Halbrund des Bauflügels, die Bibliothek. Auch in anderen Schlössern hielt er's so: Das Bett stand gleich neben dem Arbeitsraum. In der Innenausstattung schwelgte das Rokoko mit vergoldeten Stuckaturen, antiken Büsten, allegorischen Wandmalereien, Spiegeln, Bronzedekor.

Der König, Anfang dreißig, fast zierliche Figur, etwa 1,65 Meter, passte da gut hinein. Bis etwa 1750 kleidete er sich nach neuester Pariser Mode, bevorzugte Gala-Röcke, gold- und silberdurchwirkt, Brillantenknöpfe. Später trug er nur noch Uniform, die mit den Jahren immer schlichter und schäbiger wurde: am Rock

2288 Bände umfasste die Bibliothek Friedrichs II. in Sanssouci, alle mit dem Buchstaben „V“ wie vigne (französisch „Weinberg“) auf dem Buchdeckel. Die gleichen Titel mit der Signatur „S“ gab es auch im Neuen Palais von Sanssouci und mit „P“ im Potsdamer Stadtschloss, sodass sich der belesene König nur die Seitenzahl merken musste, um seine Lektüre in einem anderen Schloss fortzusetzen. Es handelte sich fast ausschließlich um französischsprachige Werke, deutschsprachige Bücher gingen als Geschenk an die Königliche Bibliothek in Berlin, für die Friedrich II. einen Neubau stiftete.

voller Schnupftabakflecke nur den achtzackigen Stern des Schwarzen Adlerordens, des höchsten in Preußen, der zugleich eine Art Sichtausweis war, falls jemand wirklich nicht erkennen sollte: Das ist der König. Als junger Mann hatte er die Uniform gehasst; im Alter war sie ihm gleichgültig.

Auf elegante Weise war Friedrich II. ebenso herrisch wie sein polternder Vater. „Er hat Geist“, attestierte ihm 1753 Voltaire, der umschmeichelte Gast, der damals maßgebliche Intellektuelle, „arbeitet frisch,

Carl Philipp Emanuel Bach (1714–1788) war seit 1740, dem Jahr des Regierungsantritts Friedrichs II., Hofkapellmeister in Berlin und Potsdam. Pastellzeichnung, um 1780.

leicht, flink und begreift, was man ihm sagen will, beim ersten Wort"; aber er sei „ein böser Spötter", dulde keinen Einwand und behandele „alle Welt wie Sklaven". Bei den Kammerkonzerten, am Cembalo Carl Philipp Emanuel Bach, ein Sohn Johann Sebastian Bachs, wollte Friedrich meist nur seine eigenen Kompositionen hören. Seine Querflöte legte er mit 66 Jahren für immer beiseite; seine Hände zitterten, Vorderzähne waren ihm ausgefallen. Immer öfter und länger zog er sich in seine Bibliothek zurück, 2288 Bände, griechische und römische Autoren in französischer Übersetzung und die zeitgenössische französische Literatur. Sie sind heute ersetzt durch Bücher, die im Stadtschloss standen. Seine Gemäldesammlung wurde 1763 in ein neues Haus in Nachbarschaft von Sanssouci verlegt. Man darf behaupten: Es ist der älteste in Deutschland erhaltene Museumsbau.

Aus seinem mit Zedernholz getäfelten Bücherkabinett schaute der gichtige Alte Fritz auf die schlichte Gruft, in der er seiner letzten Sorgen ledig sein wollte. Am 17. August 1786 um halb drei Uhr morgens ist er in Sanssouci gestorben. „Cela sera bon. La montagne est passée", sollen am Abend zuvor seine letzten Worte gewesen sein: Gleich wird es gut; der Berg ist überwunden. Nur drei Diener waren anwesend. Sein Nachfolger Friedrich Wilhelm II., sein Neffe, der weder den Onkel noch Sanssouci mochte, ließ ihn in der Garnisonkirche beisetzen, neben dem Vater, an dessen unerbittlicher Strenge der junge Friedrich fast zerbrochen wäre.

In seinen Eitel- und Unleidlichkeiten war Friedrich II., was man ein wenig hilflos als „schwierigen Menschen" bezeichnet, einer zudem, der in Sanssouci und auch sonst „sans femmes“ lebte; an Frauen war er nicht interessiert. Als König charakterisierte ihn folgende Szene auf dem Schlachtfeld: „Sterb’ er gefälligst anständig!“, herrschte er im Vorbeireiten einen verblutenden, jammernden Junker an – und dann schüttelte ihn ein Weinkrampf. Sein historischer Rang „der Große“, den ihm die Zeitgenossen zuerkannten, hat allen Degradierungsversuchen moderner Geschichtsbetrachter standgehalten. Rudolf Augstein hat sein intellektuell scharf geschliffenes Buch über *Preußens Friedrich und die Deutschen*, erschienen 1968, der Faktenfülle wegen heute noch lesenswert, selbst zum „Pamphlet“ zurückgestuft.

Freilich bleibt Friedrich der Große auch ungeeignet, das deutsche Geschichtsbild zu irgendwelchem höheren Ruhm des Vaterlandes zu dekorieren. Die beiden Sarkophage aus der Garnisonkirche, 1945 kurz vor Kriegsschluss fortgeschafft, standen dann in der Hohenzollernburg in Hechingen an der Schwäbischen Alb. Jetzt sind sie nach Potsdam zurückgeholt; und der legendäre König ist endlich dort bestattet, wo er es gewollt hat: auf der Höhe von Sanssouci, nahe den Gräbern seiner elf Windhunde, über die eine Flora-Statue wacht.

Im Jahr 1991 wurde Friedrich II. wunschgemäß in Sanssouci neben seinen elf Windhunden beigesetzt. Bis 1945 hatte der Sarkophag des Königs in der Gruft der Garnisonkirche gestanden, danach in der Hohenzollernburg in Hechingen am Fuße der Schwäbischen Alb.

Fanfaronnade

Neues Palais

Nach dem Siebenjährigen Krieg (1756–1763), in dem er Preußen hart am Rande des Ruins vorbei in eine mitteleuropäische Großmachtstellung geführt hatte, baute der nun unbezweifelbar große König das Gegenstück zu Sanssouci: das Neue Palais, ein Demonstrationsobjekt von Macht und Reichtum des im Monarchen personifizierten Staates. Mit einer Front von fast 250 Metern, 200 Räumen und den drei Grazien auf der Kuppel, die des Königs Krone in den Himmel heben, hat es politisch Eindruck schinden sollen: Seht her, das kann sich Preußen leisten! 1769 war es fertig.

Wie für Sanssouci hatte Friedrich selbst den Entwurf skizziert, und wieder drang er auf schnellste Verwirklichung. Knobelsdorff war seit zehn Jahren tot; Johann Gottfried Büring, der 1764 schon nach dem ersten Baujahr aufgab, und Heinrich Ludwig Manger hießen die Architekten, die heute nur noch Experten bekannt sind. Der dritte war Carl von Gontard, der auch die beiden palastartigen, mit einer Kolonnade verbundenen Diener- und Küchenhäuser vis-à-vis der Schlossrückseite baute. Im Jahr vor der Fertigstellung des Neuen Palais fiel er, obwohl just geadelt, in Ungnade. Der König war für ihn nicht mehr zu sprechen und ließ ihn gelegentlich, wie andere Potsdamer Baumeister auch, auf der Wache festsetzen; im Dezember 1774 wurde Gontard sogar für 43 Tage arretiert. Für Friedrichs Nachfolger baute er das Marmorpalais am Heiligen See.

Prägendes Element im äußeren Stil des Neuen Palais ist der „Palladianismus“, der damals in Frankreich und Holland in Mode war, wo ihn Friedrich auf einer Reise nach Amsterdam, 1754, kennengelernt hatte. Er fußt auf Arbeiten des italienischen Baumeisters Andrea Palladio (1508–1580), des frühen Lehrmeisters klassizistischer, mithin im Studium der Antike geschulter Architektur. Merkmale sind beispielsweise die Pilaster, also die aus der Wand etwas hervortretenden Pfeiler zwischen den Fenstern, und die wie Augenbrauen ge-

wölbten Bogen über der Fensterreihe im ersten Stock. In seiner Monumentalität, mit den riesigen Sälen im Mittelteil und den 488 Figuren vor der Fassade und auf dem Dach wurde das Neue Palais nicht nur von den Potsdamern „wie ein Wunder“ bestaunt. Es sollte repräsentativen Auftritten dienen, Haupt- und Staatsaktionen und die „durchlauchtigsten“ Besucher aufnehmen. Die Wohnung, die für Friedrich eingerichtet wurde, hat er selten benutzt. In Ironie, die ihn als Bauherrn auch selbst betraf, nannte er sein neues Schloss eine „Fanfaronnade“, eine Großsprecherei.

Im Neuen Palais starb im Juni 1888, drei Monate nach dem Tode seines Vaters Kaiser Wilhelm I. in Berlin, Friedrich III., der, an Kehlkopfkrebs erkrankt, nur 99 Tage der zweite Kaiser im neuen Deutschen Reich war. Verheiratet war er mit Queen Victorias Lieblingstochter „Vicky“, der die Hofkamarilla ihrer liberalen politischen Ansichten wegen misstraute und die jedenfalls keinen Hehl daraus machte, dass sie von

Mit dem 1763 bis 1769 errichteten Neuen Palais demonstrierte Friedrich II. den Großmachtanspruch Preußens nach dem Siebenjährigen Krieg (1756–1763). Der Bau diente zugleich der Wirtschaftsförderung und als Arbeitsbeschaffungsmaßnahme. In den prächtigen Appartements wohnten Mitglieder der königlichen Familie und hochrangige Gäste. Das Neue Palais war das Hauptexponat der großen Ausstellung zum 300. Geburtstag Friedrichs II., die 2012 rund 350 000 Besucher anlockte.

Wilhelm II. (1859–1941), deutscher Kaiser und König von Preußen, in der Paradeuniform der Gardes du Corps mit dem goldenen Adlerhelm. Aufnahme aus dem Jahr 1905.

Der Filmpionier Ottomar Anschütz fotografierte am 16. Juni 1888 den Trauerzug mit dem Sarg Friedrichs III. am Neuen Palais.

ihrem ältesten Sohn nichts Gutes erwartete. Er bestätigte das prompt: Sofort nach dem Hinscheiden des Vaters ließ Wilhelm II. das Neue Palais von Soldaten umzingeln; Offiziere durchsuchten die Gemächer nach den Privatpapieren seiner Mutter. Gefunden wurde nichts; die Aufzeichnungen lagen im Safe in Windsor.

Wilhelm II., der letzte deutsche Kaiser, nahm im Neuen Palais, das eine Auffahrtterrasse erhielt, seinen Sommersitz; es wurde Schauplatz imperial-pompöser Staatsakte, 1901 wurde dort der „Sühneprinz" empfangen, der Chinas Entschuldigung für einen Aufruhr in Peking, den „Boxeraufstand", den ein europäisches „Expeditionskorps" niedergeschlagen hatte, überbrachte. 1910 kam Zar Nikolaus II., um Abgrenzungen von Einflusssphären im Nahen Osten zu erörtern. Die Straße vor dem Schloss eignete sich vorzüglich als Paradestraße.

Kleine Fluchten

Schloss Charlottenhof und Römische Bäder

Wenn wir uns eines der Potsdamer Schlösser aussuchen dürften, um darin zu wohnen, dann dieses: Charlottenhof. So wunderbar anmutig und perfekt proportioniert, so schlicht und dabei bis ins Detail schön, so klug und verträumt ist kein anderer Wohnsitz der Monarchen. Wie klein das „Schloss" ist, nur zehn Zimmer! Für uns allemal genug.

Wie ein helles Schiff treibt es auf den weiten Wiesen des englischen Landschaftsgartens, in die Lenné es eingebettet hat. Die klare Geometrie des Baukörpers würde einen Bauhaus-Architekten in Entzücken versetzen. Aber zugleich wirkt es mit seinen blau-weiß gestreiften Fensterläden so frisch und heiter wie ein Picknick im Sommer. Dass die antikischen Palmetten auf dem Dach nur aus Zinkguss sind – was stört es uns? Auch Kronprinzen müssen manchmal sparsam haushalten. Dass das Haus nicht vernünftig zu heizen und im Winter geschlossen ist – na und! Am schönsten ist es hier sowieso, wenn der Garten ums Haus grünt und blüht, die Trauben an den Ranken über der Exedra heranreifen, der Brunnen plätschert und die Bäume im Dichterhain vor dem Eingang in dichtem Laub stehen.

Friedrich Wilhelm IV. bekam das Anwesen als Kronprinz von seinem Vater 1825 zu Weihnachten geschenkt. Damals muss es ein unscheinbares Gutshaus aus dem 18. Jahrhundert gewesen sein. Es hatte bereits häufig die Besitzer gewechselt und war von sumpfigem Wiesen- und Ackerland umgeben. Doch gemeinsam mit seinem Architekten Karl Friedrich Schinkel,

Der preußische König Friedrich Wilhelm IV. (1795–1861) ließ sich das klassizistische Schloss Charlottenhof in seiner Zeit als Kronprinz erbauen. Der junge, architekturbegeisterte und kunstsinnige Bauherr wünschte sich ein sommerliches Lustschloss für sich und seine Frau Elisabeth Ludovika. Er beauftragte seinen Lieblingsarchitekten Karl Friedrich Schinkel mit den Entwürfen. Erste Projektideen skizzierte Friedrich Wilhelm IV. mit eigener Hand. 1829 war das Anwesen mitsamt seinem perfekt abgestimmten Garten bezugsfertig. Dieses offizielle Porträt des Monarchen, der 1840 seinem Vater auf dem Preußenthron folgte, malte Franz Krüger um 1845.

Karl Friedrich Schinkel (1781–1841), hier porträtiert von Johann Eduard Wolff um 1820, schuf mit Charlottenhof ein Meisterwerk: Aus einem unscheinbaren Gutshaus des 18. Jahrhunderts machte er ein Kleinod aus dem Geist der Antike. Der universell interessierte Schinkel entwarf auch die gesamte Innenausstattung und bezog die Terrassen- und Gartenanlagen in seine Pläne mit ein.

dem ausführenden „Bau-Conducteur" Ludwig Persius und dem Gärtner Peter Joseph Lenné gelang dem Prinzen eine erstaunliche Metamorphose. Aus dem vorgefundenen Ensemble wurde eine Art Idealentwurf, durchtränkt von Antikensehnsucht. „Siam" nannte der kunstliebende Kronprinz seinen Sommersitz, was wörtlich übersetzt „Land der Freien" heißt und bis 1939 der Name des heutigen Thailand war. Seine eigenhändigen Bauskizzen signierte der Kronprinz mit „Frederico Siamese – Architetto" oder „Fr. Siamhouse, Architekt".

Vier Gesichter hat das Haus: Eine abweisende Front mit nur wenigen Fenstern wendet es demjenigen zu, der sich über die schnurgerade Lindenallee vom südlichen Parkeingang nähert, dem kürzesten Weg vom Regionalbahnhof Charlottenhof. Dieser ökonomische Zugang mag den dienstbaren Geistern vorbehalten bleiben, die im Sockelgeschoss wohnen. Ernst, würdevoll und streng symmetrisch erhebt sich die Eingangsfassade gen Westen. Ein flacher Giebel all' antica bekrönt die Portalfront. Erst ein paar Schritte weiter, auf der dem Park zugewandten Seite, entfaltet das Anwesen seine verschwenderischen Reize: Üppig und formenreich öffnet es sich zur Landschaft. Vor der erhöhten Rasenterrasse schwingt ein großes Wasserbecken halbkreisförmig aus, umkränzt von Blumenrabatten. Jetzt begreift man, dass dieses Schloss nicht an den Mauern des Hauses endet, sondern sich erst im Zusammenspiel von außen und innen, von Garten, Portikus, Terrasse, Loggia und Brunnenbecken zu einem Ganzen rundet. Das gärtnerische Umfeld des klarlinigen Baus ist so fein auf die Architektur bezogen und selbst architektonisch durchgestaltet, dass eines ohne

das andere nicht existieren kann. Der Rosengarten nimmt die Proportion des Bauensembles auf und legt ein blütenreiches, duftiges Ornament bis an den Teich, aus dem sich die Brunnen speisen. Hier blühen Hochstämmchen der verschiedensten Sorten, die teilweise mehr als 500 Jahre alt sind.

Im Inneren des Hauses wirkt alles, als sei der Kronprinz gerade erst fortgegangen; die Möbel stehen so, wie Karl Friedrich Schinkel sie einst entwarf. Und doch liegt kein musealer Muff, nichts Altmodisches über den Räumen. Das Zeltzimmer, von oben bis unten blau-weiß gestreift, samt den beiden schmalen Ruhebetten und Klappstühlen – fast muss man lachen,

Mit der Präzision des Architekten umrissen: Schloss Charlottenhof auf einer Zeichnung von Karl Friedrich Schinkel im Jahr seiner Fertigstellung 1829. In der oberen Bildhälfte ist der Blick aus dem Speisesaal über die Terrasse in den Garten zu sehen. Schinkel legte stets großen Wert darauf, seine Architekturentwürfe zu publizieren.

wenn man es betritt. Am liebsten würden wir gleich die Nacht hier verbringen. Oder nehmen wir doch lieber das kuschelige Bett im grün bespannten Schlafzimmer? Hier rundet sich die halbkreisförmige Fensternische so reizend dem Park entgegen. Wer morgens die Läden aufschlägt, kann in drei Himmelsrichtungen schauen. Am Fußende halten goldene Adler Wacht, über dem Kopfende schwebt Christus persönlich in einer großen Sepiazeichnung nach Raffael. Der kunstsinnige Hausherr hat dafür gesorgt, dass wir allenthalben seinen Lieblingskünstlern begegnen. Ein ganzes Kabinett ist bis an die Decke mit Grafiken gepflastert. Im Kronprinzessinnenzimmer – in Rosa und Silber gehalten – stehen zierliche Flakons, Notizbuch, Fußbank und Schreibgarnitur aus Silber und Perlmutt bereit. Oben an den Wänden tanzen leichtfüßige Nymphen auf antikischen Bildern. Ihnen begegnen wir in den Wandmalereien des offenen, blau getönten Portikus wieder, der sich nach Osten auf die Rasenterrasse öffnet: Ja, hier könnten wir frühstücken. Und abends, wenn es kühl wird, rücken wir den Tisch einfach in den großen, weiß-goldenen Speisesaal dahinter, der so nobel wirkt, dass einem ganz königlich zumute wird. Das ganze Haus ist nach dem Stand der Sonne ausgerichtet. Abends, bevor die Sonne versinkt, fallen ihre Strahlen von Westen durch die farbigen Fenster über der Eingangstür. Große goldene Sterne vor blauem Grund leuchten darin auf und kündigen die Nacht an. Wenn wir nun die großen Flügeltüren im Herzen des Hauses öffnen, kann man vom Vestibül aus durch den Speisesaal über die Säulenterrasse bis hinüber zur halbrunden Sitzbank am anderen Ende der Gartenterrasse schauen. Dann klappen wir die Fenster-

Schloss Charlottenhof mit seinem antikisierenden Säulenportikus liegt etwas abseits der Touristenströme im südlichen Teil der Parklandschaft von Sanssouci. Der auf das Schloss bezogene innere Garten des Sommerhauses liegt eingebettet in einen großzügigen, im englischen Landschaftsgartenstil gestalteten Bereich.

Im von Schinkel gestalteten Zeltzimmer durften Gäste des Kronprinzenpaares in Charlottenhof übernachten. Auch der Baumeister selbst bezog hier bisweilen Quartier, ebenso wie der Weltreisende Alexander von Humboldt und andere Berühmtheiten. Sie konnten sich wie auf fernen Reisen fühlen, mit eisernen Feldbetten und Klappstühlen im Streifendesign.

läden zu, machen die Leinen los und träumen uns weit, weit fort. Bis in die Renaissance, als Palladio und Zeitgenossen ähnlich perfekte Villen entwarfen und weiter zurück, bis in die Antike. Denn dort liegt der Ursprung aller Villenträume, die bis heute Bauherren und Architekten beflügeln.

Plinius der Jüngere schildert in seinen Briefen so anschaulich, wie seine Villen Laurentinum und Tuscum beschaffen waren, dass der Leser glaubt, an einer Hausführung teilzunehmen. Da sind die Laubengänge und Turmzimmer, die Sommerspeisesäle und schattigen Ruheräume, die Ausblicke auf die Landschaft und die sorgfältig ausgeklügelte Lage der Räume zum Stand der Sonne. Kein Wunder, dass zahlreiche Baumeister seit der Renaissance – und auch Karl Friedrich Schinkel – versuchten, die Villen des Plinius zu rekonstruieren. Vergeblich, oder jedenfalls mit ganz unterschiedlichen Resultaten. Denn der antike Autor schildert zwar eine Fülle von Details, aber nicht den Gesamtplan des großen Ganzen. Es darf also weitergeträumt werden.

Eines jedoch fehlte in Charlottenhof, was zu einer antiken Villa Suburbana oder Villa Rustica auf jeden Fall gehört, und das waren die Badeanlagen, unverzichtbarer Bestandteil römischer Lebenskultur. Mit den Römischen Bädern, unweit von Schloss Charlottenhof, schuf der Kronprinz ein eigenes Kleinod. Eigentlich war das malerisch von Wein berankte Anwesen zunächst nur als Gärtnerhaus gedacht. Hübsch asymmetrisch fügen sich dic kubischen Baukörper mit Turm, Laubengängen und flach abfallenden Dächern zu einem romantischen Blickpunkt jenseits des Maschinenteiches. Ludwig Persius hat diesen Bautyp später noch

Die von Ludwig Persius ab 1829 erbauten Römischen Bäder laden in eine erträumte Antike ein. Hier ein Blick in das Atrium mit Repliken antiker Kunstwerke wie dem berühmten „Sterbenden Gallier“ (Bronzefigur in der Bildmitte). Die Wanne aus grünem Bandjaspis im Vordergrund war ein Geschenk Zar Nikolaus' I. Durch die beiden Durchgänge geht es in das dahinter gelegene Impluvium mit dem Wasserbecken. Die Raumabfolge ist nach antiken Vorbildern konzipiert.

öfter in seinen Villen und Gärtnerhäusern für Sanssouci abgewandelt. An dieser Stelle jedoch wuchs sich das Ensemble zu einem wahren Schatzkästchen der Antikensehnsucht aus. Wer den Obolus am Eingang entrichtet, darf sich für eine halbe Stunde oder länger als Hausherr oder Hausdame in einem märchenhaften stillen Winkel fühlen. Die üppigen Beete quellen über von bunt gemischten Blumen und Gemüse. Kürbisse, Mais, Kapuzinerkresse, Rizinus, das Idealbild eines südländischen Gartens Eden – in Miniaturform domestiziert. Auf der erhöhten Terrasse am See lädt ein griechischer Tempel mit kobaltblau ausgeschlagenem Innenraum zum Teetrinken ein, der mit Porträtbüsten bestückte Erinnerungsgarten ruft melancholisch-ernste Stimmungen wach. In einem der Zimmer hinter der weinberankten Loggia war der durch die Welt reisende Naturforscher Alexander von Humboldt manchmal beim Kronprinzen zu Gast, der auch sich selbst ein vornehm eingerichtetes Gemach vorbehielt. Und wenn ihn die Lust zu baden überkam, mussten die Gärtnergehilfen das Wasser anheizen und über Rohrleitungen hinüber in den Badekomplex leiten.

Hier wähnt man sich endgültig aus Zeit und Raum entrückt: Der Vorraum empfängt uns in Pompejanisch-Rot mit mediterranen Ideallandschaften an den Wänden. In Mosaiken, Wandmalereien und Bronzestatuetten umgibt uns die Kunstwelt der Antike in ihren berühmtesten Beispielen wie dem Dornauszieher oder der Alexanderschlacht. Gar nicht antikisch, dafür umso romantischer umarmt sich unter der blauen Nische am Ende der Raumflucht ein marmornes Liebespaar. Über dem großen Wasserbecken, dem Impluvium, öffnet sich der freie Himmel, wie in einem echten antiken Atrium fällt das Regenwasser ins Haus. Und plötzlich begreift man, wie fragil und gefährdet dieses der Witterung ausgesetzte Gesamtkunstwerk mit seinen Wandbildern, Möbeln und Mosaiken ist. Auf der Liste der restaurierungsbedürftigen Bauten von Sanssouci rangieren die Römischen Bäder mit an oberster Stelle, bisher aber fehlt – trotz Masterplan und Sonderinvestitionsprogramm – das Geld für eine Sanierung.

Italien suchen, Frieden finden

Friedenskirche und Marlygarten

Viele Wege führen zur Friedenskirche. Doch zum Glück lenken nur wenige Besucher von Sanssouci ihre Schritte hierher – und werden mit einer zauberhaften Atmosphäre belohnt. Religiöse Einkehr und ästhetische

Die 1848 geweihte Friedenskirche wurde von Ludwig Persius und Friedrich August Stüler nach Ideen Friedrich Wilhelms IV. errichtet. Sie spiegelt sich malerisch in dem eigens dafür angelegten Teich. Der helle Backsteinbau mit dem seitlich stehenden Campanile adaptiert italienische Vorbilder des Mittelalters. Rechts im Bild ragt, hinter Bäumen, die Kuppel des Mausoleums für den 99-Tage-Kaiser Friedrich III. auf. Er liegt dort neben seiner Frau Victoria begraben.

Perfektion, hier kann man beides finden. Ein klug erdachtes Gefüge aus ineinander verschachtelten Architektur- und Gartenräumen schirmt das friedliche Ensemble von der Außenwelt ab.
Vom Obeliskenportal des Parks Sanssouci – dem Winzerberg gegenüber – zweigt links, gleich wenn man das Tor durchschritten hat, ein Weg ab und führt über Treppenstufen zu einer erhöht gelegenen, halbrunden Sitzbank aus kühlem Stein. Sie wird vom hohen Laubdach mächtiger Pappeln beschattet. Wie eine ideale Vedute liegt die Friedenskirche hier vor uns und spiegelt sich im Wasser des Teiches, dessen Wellen die Apsis und das Langhaus der schlichten, goldockerfarbenen Basilika umspülen. Von den offenen Arkadenfenstern des filigranen Campaniles klingt halbstündlich Glockengeläut herüber.
Nirgends in Italien wird man solch einen Anblick finden, und doch versetzt uns das Ensemble unmittelbar in südliche Gefilde. Bauherr Friedrich Wilhelm IV. schwärmte für die italienische Baukunst des Mittelalters, und er war, anders als sein von ihm zutiefst verehrter freigeistiger Ahnherr Friedrich der Große, ein religiöser Mensch. Dass es in Sanssouci keine Kirche gab, wollte er schon als Kronprinz ändern. Anfangs dachte er an einen Bau in der Nähe seines Schlösschens Charlottenhof, wählte dann aber den jetzigen Standort und verlieh dem Gotteshaus religiöses Leben, indem er es zur Pfarrkirche der Vorstadtgemeinde machte. Bis heute finden hier sonntags Gottesdienste statt.
Wir wandeln vom Aussichtsplatz am Ufer entlang weiter und durchschreiten einen grün belaubten Buchenheckentunnel, der uns selbst an heißen Sommertagen mit zauberisch-meditativer Dämmerstimmung um-

fängt. Dann biegt der Pfad nach links und führt zu einem schmalen Tordurchgang, der einst dem König und seiner Frau vorbehalten war. Ikonenhaft streng und zugleich mild blickt von oben das Antlitz Christi herab. Ein Schritt durch den Torbogen und wir sind im umfriedeten Bezirk der Kirche. Zur Linken streckt sich uns die lange Säulenloggia am Seeufer entgegen und leitet uns Schritt für Schritt näher zur Kirche hin. Wie Wegmarken sind in die Wand der Loggia kleine Reliefs eingefügt: Da nippen schlanke Pfauen am Brunnen des ewigen Lebens, ein bärtiger Apostel grüßt mit erhobener Hand, Weinrankenornamente verweisen auf das Wunder der Eucharistie. Diese steinernen Bilder sind weit älter als das Bauwerk, in dem wir stehen: originale Fundstücke aus Italien, die Friedrich Wilhelm IV. ankaufen ließ.

Bevor wir durch die offene Vorhalle ins Kirchenschiff treten, nimmt uns ein vorgelagertes Atrium auf, ein allseits umschlossener Raum unter freiem Himmel. Im Zentrum steht überlebensgroß ein segnender Christus mit mächtig ausgebreiteten Armen und wendet sich nach Westen – wo sich der Blick auf den weit ausschwingenden Marlygarten öffnet. Flankiert wird der Durchgang zum Park von zwei niedrigen Büschen Mönchspfeffer, einem Gewächs, dessen Heilkraft im Mittelalter Klosterbrüdern half, ihr Keuschheitsgelübde einzuhalten. So ist hier selbst die Pflanzenwelt von religiösen Bezügen durchdrungen. Im angrenzenden Kreuzgang, der nie als Klosterhof diente, sondern bloße religiöse Reminiszenz ist, grünen Stechpalmen als Verweis auf die Dornenkrönung und Passion Christi. Die eingravierten griechischen Buchstaben am Brunnenrand zu Füßen der Christusfigur fordern uns

Im Inneren der Friedenskirche befindet sich ein Apsismosaik des frühen 13. Jahrhunderts aus Murano. Friedrich Wilhelm IV. erwarb es 1834 in Italien – und ließ die Kirche darum herum bauen.

in Form eines Palindroms vorwärts und rückwärts gelesen auf: Reinige dich von den Sünden – und nicht nur dein Antlitz.
„Es scheint mir passend, eine Kirche, welche zu einem Palastbezirk gehört, der den Namen Sanssouci, ‚ohne Sorge', trägt, dem ewigen Friedefürsten zu weihen und so das weltlich negative ‚Ohne Sorge' dem geistlich positiven ‚Frieden' entgegen – oder vielmehr gegenüber zu stellen." So formulierte Friedrich Wilhelm IV. 1845 kurz vor der Grundsteinlegung die Bauidee.
Das Allerheiligste seiner neu gegründeten Kirche schmückte der Monarch mit einem Kunstimport: Den klaren Innenraum der Basilika beherrscht ein goldschimmerndes Apsismosaik mit der majestätisch thronenden Gestalt Christi, flankiert von Heiligen und den Erzengeln Michael und Raffael. Sie stammen von der venezianischen Insel Murano. Das im frühen 13. Jahrhundert entstandene Mosaik war bereits über 600 Jahre alt, als der Kronprinz es 1834 aus der zum Abbruch freigegebenen Kirche San Cipriano ersteigerte und nach Preußen abtransportieren ließ. Die Proportionen der Friedenskirche sind an den Maßen dieses weitgehend original erhaltenen Kunstwerks ausgerichtet.
Anders als in mittelalterlichen Kirchen jedoch verkünden deutschsprachige Bibelzitate in goldenen Lettern die christliche Heilsbotschaft. Sie sind nicht die einzigen Zitate in diesem Bauwerk. Der Kirchenraum als Ganzes mit seinem farbig eingelegten Marmorfußboden und dem sternenübersäten offenen Holzdachstuhl zitiert in seiner Form altchristliche Bautraditionen. Die marmornen Lesepulte sind denen in der römischen Kirche San Lorenzo fuori le Mura nachge-

Offene Holzbalkendecke, Rundbogenfenster und Säulen mit ionischen Kapitellen: Die Friedenskirche zitiert die frühchristliche Baukunst Italiens. Hier der Blick zum Altar.

bildet. Selbst der nach italienischer Tradition frei neben der Kirche platzierte Glockenturm steht ganz ähnlich noch einmal in Rom, bei Santa Maria in Cosmedin. Wobei die Konstruktion in Potsdam ganz modern in Gusseisen ausgeführt wurde.

In der Gruft unterhalb des Altars hat der Bauherr mit seiner Gattin seine Ruhestätte gefunden. Ein schneeweißer Marmorengel wacht an ihren schlichten Sarkophagen bis zum Jüngsten Tag, die Posaune griffbereit auf dem Schoß. Durch das Fenster der Gruft fällt der Blick auf den Spiegel des Sees, der unvermutet an den Fluss der Toten denken lässt. Noch ein anderes Monar-

Die Marmorstatue der Blumengöttin Flora im Marlygarten schuf Albert Wolff vor 1850. Im Hintergrund der Eingang zum Atrium der Friedenskirche.

chenpaar hat sich das Areal der Friedenskirche als Grabstätte ausgewählt: Der kunstsinnige und liberale Kaiser Friedrich III., der nur 99 Tage regierte, und seine Frau Victoria ruhen in einem der Grabkirche von Innichen in Tirol nachempfundenen Mausoleum, das an das Atrium grenzt. Durch einen Torbogen treten wir von hier hinaus in den Park und lassen die Gedanken an den Tod hinter uns.

Auf den ersten Blick wenig spektakulär breitet der von Peter Joseph Lenné angelegte Marlygarten seine Reize aus. Er lag direkt vor Lennés eigenem Wohnsitz, denn seit den Zeiten Friedrichs des Großen hatten die Hofgärtner in zwei Häusern am Fuße der Weinbergterrassen ihren Sitz. Bis heute residiert dort die Gartendirektion. Der intime, anmutige Marlygarten mit seinen überschaubaren Dimensionen war Vorbild für zahlreiche private Villengärten des 19. Jahrhunderts. Eine einzige Blumenrabatte, in Form einer Blüte angelegt, setzt einen Farbakzent und huldigt der Göttin Flora, die als kleine Statue inmitten der Blütenpracht steht. Vor dunkelgrünem Buschwerk blitzt eine blau-weiß gestreifte Glassäule auf. 1849 aufgestellt, verweist sie auf die bayerische Herkunft von Königin Elisabeth Ludovika, der Ehefrau Friedrich Wilhelms IV. Hinter den anmutig vor- und zurückweichenden Baumkulissen verbirgt sich ein kleiner idyllischer Teich mit Wasserlauf. Berühmt wurde der Garten vor allem für sein sanft modelliertes Bodenrelief, das man kaum bewusst wahrnimmt und das dem Ganzen doch erst seine tiefe Harmonie verleiht.

Nichts mehr erinnert daran, dass dieser Garten einmal die Keimzelle der Parkgefilde von Sanssouci war. Hier, vor den Toren Potsdams, ließ der sparsame König

Friedrich Wilhelm I. im Jahr 1715 seinen Küchengarten anlegen, wo er sonntags zwischen Obstbäumen und Kohlköpfen gerne Schießübungen machte. Die Schießwand mit Kugelfangbecken ist, zum Brunnen umgewandelt und mit religiösen Reliefs kombiniert, noch im Kreuzgang der Friedenskirche zu besichtigen. Dass der alles Französische hassende König diesen bescheidenen Garten „Mein Marly“ nannte, war mehr ein Witz – in Anspielung an „Marly-le-Roi“ bei Paris, wo Ludwig XIV. sich einige Jahrzehnte zuvor ein prächtiges Sommerschloss mit ausgedehnten barocken Parkanlagen hatte errichten lassen. Im Potsdamer Marlygarten hat Friedrich der Große als Kind gespielt – und sich später nebenan auf dem Wüsten Berg sein Weinbergschloss gebaut.

Das Schweigen der Götter
Skulpturendepot auf dem Schirrhof

Hier sind die Götter und Nymphen unter sich. Der Götterbote Merkur zupft in Ruhe seine Sandale zurecht, Diana rüstet sich zur Jagd, eine Gruppe weiblicher Aktfiguren steht wie zum Plaudern beisammen. Zwar fehlt dem antiken Apoll ein Arm, doch seine gelassene Miene trübt das nicht. Der deutsche Kaiser Friedrich III. reitet im Kostüm eines römischen Feldherrn vorüber. Putten tollen ausgelassen spielend über den Boden. Hauptsache, sie stoßen die kostbaren Marmorvasen nicht um! Wie in einem Märchen stehen alle reglos und still, sobald wir die große Halle des Skulpturendepots auf dem Schirrhof von Sanssouci betreten. Aber zuckt da nicht ein Lächeln in den Mundwinkeln des Merkurs? Wer weiß, was die Götter-

welt treibt, wenn wir wieder weg sind und die Denkmalpfleger Feierabend haben …
Hunderte von Skulpturen aus den Schlössern und Parks haben hier am Rande des Parkreviers von Sanssouci ein Obdach auf Zeit gefunden – bis sie frisch restauriert ihre angestammten Plätze in den Innen- und Außenräumen des Schlösserareals wieder einnehmen können. Der gipsweiße Abguss des Merkurs von Jean-Baptiste Pigalle allerdings wird nie draußen unter freiem Himmel stehen: Gips ist nicht witterungsbeständig. Doch die Denkmalpflegerin Saskia Hüneke betrachtet ihn liebevoll und voller Stolz. Er gleicht bis aufs Haar dem Original des französischen Meisterwerks von 1748, das im Berliner Bode-Museum steht und einst als Geschenk Ludwigs XV. an Friedrich II. nach Potsdam gelangte. Schon im 19. Jahrhundert wurde die Marmorplastik vom Skulpturenrondell an der großen Fontäne von Sanssouci in Sicherheit gebracht und im Park durch eine Kopie ersetzt. Diese ist längst schon wieder von der Witterung angegriffen. Daher durften die Restauratoren der Schlösserstiftung vom marmornen Original-Merkur einen frischen Gipsabguss abnehmen, nach allen Regeln der Handwerkskunst. Jede Meißelspur des Originals, die samtzarte Hautoberfläche, die fein modellierten Details sind darin zu erkennen. Nach diesem Gips konnten die Bildhauer der Schlösserstiftung eine nahezu identische Marmorkopie „in Lebensgröße“ anfertigen. Langwierig war das, Punkt für Punkt wurden die dreidimensionalen Formen in einem speziellen Messverfahren auf den Marmorblock übertragen und mit Hammer und Meißel herausgearbeitet. Nicht nur Sorgfalt, auch künstlerischer Sinn ist bei so einem Pro-

jekt nötig, damit das Werk nicht wie eine blutleere Kopie, sondern wirklich als ein echtes Kunstwerk wirkt. „Es soll ja wieder Jahrhunderte im Park überdauern", sagt Saskia Hüneke, die langjährige Kustodin der Skulpturensammlung der Stiftung.

An einer synthetischen Kopie aus Kunststoff erläutert sie, warum computergestützte Verfahren bis heute nicht wirklich in der Lage sind, die handwerkliche Kunst der Bildhauer zu ersetzen. Andernorts greifen Restauratoren aus Zeit- und Geldmangel bisweilen auf Abgüsse und Steinimitate zurück. Doch das arbeits- und kostenaufwendige Modell der Potsdamer bewährt sich und beginnt auch international Schule zu machen, schließlich sollen die Kopien die Originale würdig vertreten. Auch die Kopien sind so kostbar, dass sie im Winter in den Parks in grauen Bretterverschlägen „eingehaust" werden. Diese unförmig-abstrakten Kisten geben den Potsdamer Parkanlagen in der kalten Jahreszeit immer ein leicht surreales Aussehen.

Die vielen Skulpturen in den Gärten und an den Außenfassaden der Schlösser sind weit mehr als bloße Zierde. Sie vermitteln Sinn und Symbolik, erzählen von mythologischer und übergeordneter Bedeutung, von philosophischen und kosmischen Bezügen. Daher ist es so wichtig, sie zu bewahren.

Seit 1975 befindet sich das Skulpturendepot an seinem heutigen Platz. Künftig soll ein öffentlich zugängliches Schaudepot eingerichtet werden, erzählt Saskia Hüneke. Der Masterplan der Stiftung sieht ein neues Kunstgutdepot in der Potsdamer Friedrich-Engels-Straße vor sowie moderne Restaurierungsateliers in der Zimmerstraße. Im geplanten Schaudepot möchte

Hüneke die Werke gern nach ihrer Herkunft aus den einzelnen Schlossrevieren geordnet ausstellen – eine kleine Geschichte der Bildhauerei vom 17. Jahrhundert bis um 1900.

Noch bilden die Objekte ein faszinierendes Sammelsurium. Die unterschiedlichsten Bildhauermaterialien und -techniken lassen sich daran studieren, ebenso ihre „Schadensbilder", wie der Fachmann sagt. Nicht nur der klassische Bronzeguss und die Marmorskulptur sind vertreten, auch seltenere Techniken wie der zu Schinkels Zeit beliebte Zinkguss, der sich als wenig witterungsbeständig erwiesen hat. Oder die schon in der Antike gebräuchliche Terrakottaplastik, der Bleiguss, die Galvanoplastik, der Gipsabguss. Einige klobige Gussformen, die für Gipsabgüsse angefertigt wurden, lagern in den vollen Regalen neben abgeschlagenen Händen, Füßen, geborgenen Einzelköpfen, Gliedmaßen, Vasen, Fund- und Bruchstücken aller Art, teils noch mit Moos besetzt. „Fundstück Heiliger See" entziffern wir auf dem Beschriftungszettel an einem völlig mit Muscheln überkrusteten Fragment.

Ein gigantisches Holzgefährt steht wie ein Dinosaurier der Transporttechnik in der Halle. Es ist ein Wagen aus dem 18. Jahrhundert zum Transport von Steinblöcken, einer der letzten erhaltenen seiner Art überhaupt. Die riesigen Marmorblöcke wurden aus den Steinbrüchen Italiens oder auch aus Schlesien per Schiff nach Potsdam transportiert und hier bearbeitet. Die berühmten Bacchantenfiguren der Fassade von Schloss Sanssouci meißelte Friedrich Christian Glume sogar direkt an ihrem endgültigen Standort.

Draußen in der frischen Luft haben die Bildhauer der Stiftung ihre Arbeitsplätze, überdacht, luftig und offen. Auf drehbaren Sockeln ruhen die halbfertig bearbeiteten Werkstücke. Auf dem weitläufigen Freigelände lagern schmiedeeiserne Metallgitter, Marmorsäulen als Ganzes oder in Stücken, Kapitelle, Steinplatten. Der kolossale Meeresgott von der Neptungrotte im Park von Sanssouci, die westlich der Bildergalerie in einem Boskett verborgen liegt, wird wohl noch eine Weile darauf warten müssen, an seinen Ort zurückzukehren. Seit vielen Jahren ist die dringend nötige Restaurierung des kostbaren, innen mit Muschelwerk ausgekleideten Bauwerks geplant. Solange das Geld fehlt, bleibt Neptun, wo er ist – deponiert.

Besser erging es den zahlreichen plastischen Bruchstücken vom Potsdamer Stadtschloss. Die Zeit seit dem Abriss des kriegsbeschädigten Schlosses hatten sie in einem Waldstück überdauert, bevor sie geborgen und ins Skulpturendepot gebracht wurden. Dann begann ein Puzzlespiel für die Restauratoren. Von zahlreichen bauplastischen Elementen und Figuren hatten sich Bruchstücke erhalten. Das Fehlende sorgfältig zu ergänzen war eine Herausforderung für die Bildhauer. Nun kehren die Originalteile soweit möglich an ihren Platz in der rekonstruierten Fassade des Stadtschlosses zurück. Künftig kann die antikisierende Götterversammlung auf dem Tympanonrelief von der Marktseite des Schlosses dann wieder von oben auf die Potsdamer und deren Gäste herabblicken. Die lebensgroße Venus im Zentrum stützt sich entspannt auf eine Säule, die Beständigkeit und Dauer symbolisiert.

Petrijünger beim Eisangeln auf dem zugefrorenen Heiligen See.

Mystik am Heiligen See

Neuer Garten, Marmorpalais und Schloss Cecilienhof

Die beiden Petrijünger, mit Angelzeug, Pelzmütze, Klappsitzen und Thermoskanne bewaffnet, scheinen geduldig auf dem Wasser des Heiligen Sees zu schweben. Es ist Winter, um null Grad, auf dem seit Tagen zugefrorenen See hat sich ein feuchter Spiegel gebildet. Die fernen Uferlinien zerfließen im Nebel. Hinter den Anglern zeichnet sich die Silhouette des Marmorpalais im Dunst ab. Sonst ist weit und breit kein Mensch zu sehen. Der Schnappschuss von dieser meditativen Winterszene ist über viele Jahre mein Lieblingsbild geblieben.

Nun das Wiedersehen mit dem Heiligen See nach langer Abwesenheit, im Hochsommer. Die Wiesen auf der schmalen Landzunge zwischen dem Heiligen und dem Jungfernsee sind strohgelb und staubig von der trockenen Hitze. Einige Potsdamer haben Handtücher ausgebreitet und liegen splitternackt in der prallen Vormittagssonne. Die Schlösserverwaltung sieht das nicht gern, aber es gibt Gewohnheitsrechte, auf deren Beschneidung die Bevölkerung sehr unwillig reagiert. Das Sonnenbaden in diesem Teil des Gartens gehört dazu wie die Abkühlung im Heiligen See. Ausdrücklich ist so etwas in den Schlössern und Gärten nicht erlaubt, aber es wird geduldet, um größeren Unmut zu vermeiden – noch.

Die flache Badestelle liegt etwas versteckt unter alten Eichen am Nordufer, eigentlich ist es nur eine Schneise im dichten Schilfgürtel, in dem Blesshühner und Enten ihren Nachwuchs aufziehen. Mit einer kleinen Schaufel gräbt ein junger Mann im Wasser und häufelt

Sand auf frei gespülte Baumwurzeln. Zwei Potsdamerinnen im Evakostüm entsteigen den Fluten. „Gehen Sie doch bitte links an der flachen Stelle raus“, bittet der junge Mann, den man in seinem verblichenen grünen T-Shirt für einen Gärtner halten könnte. Aber nein, er sei kein Mitarbeiter der Schlösserstiftung, er wohne zehn Minuten mit dem Fahrrad von hier und liebe diese Badestelle. Da sich sonst niemand darum kümmere, versuche er sie in Ordnung zu halten.

Das Wasser ist trüb, aber angeblich unbedenklich. Im Schilf quaken Frösche. Nach wenigen Schwimmzügen hat man den Schilfgürtel passiert und über die schimmernde Wasseroberfläche einen freien Panoramablick auf die Ufer des Heiligen Sees. Weiß schimmert das Marmorpalais, das Rote und Grüne Haus leuchten am Ufer, am anderen Ende des Sees ragt die zierliche Gotische Bibliothek ins Wasser. In einer der unbezahlbaren Villen der Berliner Vorstadt linker Hand würde man gerne wohnen, mit freiem Blick über den Heiligen See auf den Neuen Garten. Um den See spazieren ist auch schön, doch man kann es den Potsdamern nicht verübeln, dass sie sich damit nicht zufriedengeben: Wer schwimmt, ist nicht länger nur Betrachter, er taucht in die schöne Landschaft ein, empfindet sich noch intensiver als Teil von ihr.

An einem kalten Novembertag des Jahres 2004 stiegen zwei Mitarbeiter der Schlösserstiftung unweit des Marmorpalais in Taucheranzügen ins Wasser. Die sommerliche Eintrübung des Sees durch Blaualgen hatte nachgelassen, auf dem Grund hofften die beiden Hobbytaucher verschollene Teile der Parkarchitektur des Neuen Gartens zu finden. Nach einer halben Stunde entdeckten sie in fünf Metern Tiefe eine mit Muscheln

Die Berliner Rokokomalerin Anna Dorothea Therbusch porträtierte den lebenslustigen Friedrich Wilhelm II. um 1775 als Kronprinz. Das Marmorpalais ließ er nach seiner Thronbesteigung (1786) erbauen.

Gegenüberliegende Seite: Die Gotische Bibliothek im Neuen Garten entstand 1792–94 nach Plänen von Carl Gotthard Langhans, dem Erbauer des Brandenburger Tors in Berlin. Der zweistöckige Pavillon beherbergte die Büchersammlung Friedrich Wilhelms II.

Folgende Doppelseite: Das Marmorpalais am Heiligen See wurde nach Plänen von Carl von Gontard und Carl Gotthard Langhans 1787–92 errichtet. In der DDR-Zeit diente es als Armeemuseum.

und Algen überwachsene Steinurne. Sie stand bis zum Ende des Zweiten Weltkrieges auf einem erhaltenen Postament am nahen Seeufer. Eine kleine Sensation für Preußenfreunde, denn um diese Urne ranken sich Legenden. König Friedrich Wilhelm II. ließ sie zur Erinnerung an eines seiner zahllosen unehelichen Kinder aufstellen, das 1787 im Alter von achteinhalb Jahren unerwartet starb. Alexander war sein viertes Kind mit der Mätresse Wilhelmine Encke, die er später mit seinem Kämmerer Wilhelm Ritz verheiratete und zur Gräfin Lichtenau machte.

In vielem war Friedrich Wilhelm II. das Gegenbild seines kinderlosen, rationalistischen und religionsfeindlichen Onkels Friedrich des Großen. Der lebenslustige Schwärmer glaubte fest an Geistererscheinungen aus dem Jenseits. Seine Lieblingsmätresse machte sich das zunutze, indem sie Einflüsterungen des toten Sohnes vortäuschte, um den König zu steuern. Er war Freimaurer und Mitglied des Rosenkreuzerordens, seine Logenbrüder Johann Christoph von Woellner und Hans Rudolf von Bischoffwerder machte er 1786 sofort nach der Thronbesteigung zu einflussreichen Ministern im Staatsapparat. Während im revolutionären Frankreich die Bürger die Macht an sich rissen, war Preußen fest in der Hand einer Bande von Okkultisten.

Am Heiligen See baute sich Friedrich Wilhelm II. ein zweites Sanssouci. Er kaufte dazu mehrere Weinberge um den See auf und schützte sein Refugium mit einer vier Meter hohen Mauer vor ungebetenen Blicken. Was sich im Neuen Garten abspielte, war des Königs Geheimsache und gibt bis heute Rätsel auf. Denn die Mitglieder des Geheimbundes, dem er angehörte,

Die 1792 errichtete Pyramide im Neuen Garten diente als Kühlhaus und wurde im Winter mit Eis aus dem See bestückt.

hatten sich zum Schweigen verpflichtet. Dem Zeitgeschmack folgend, ließ der König einen englischen Landschaftspark anlegen, mit gewundenen Wegen, lockeren Baumgruppen und Schweizer Kühen auf der Weide. Die Bediensteten wohnten in den malerischen Holländerhäusern an der Stadtseite des Parks, die Küche war in der Tempelruine am See untergebracht und durch einen unterirdischen Gang mit dem Marmorpalais verbunden. Im einfachen Bürgerrock ging der König stundenlang im Park spazieren und gab sich empfindsamen Träumereien hin.

Die merkwürdigen Parkarchitekturen auf seinen Wegen waren mystische Symbole. So führte von der Gedächtnisurne für den toten Sohn ein direkter Pfad zu der großen Pyramide, die als Eiskeller diente und zugleich den Eingang in die Unterwelt symbolisiert. Am Eingang findet man alchemistische Planetensymbole, die Bedeutung der Hieroglyphen an den Seiten der Pyramide liegt im Dunkeln. Ägyptische Einflüsse zeigt auch die große Sphinx über dem Zugang zur Orangerie. Es gab im Park auch eine Statue der Göttin Isis mit 21 Brüsten. Die Lebensspenderin galt als Magierin und Mutter der ägyptischen Könige. Die unter einem aufgeschütteten Hügel versteckte Muschelgrotte am Jungfernsee diente wahrscheinlich als Treffpunkt für Zusammenkünfte Friedrich Wilhelms II. mit seinen Logenbrüdern. Sie war im Innern ähnlich kostbar ausgestattet wie die kürzlich in der Nähe wieder aufgebaute Eremitage, äußerlich eine mit Borken verkleidete Holzhütte, die einen Tempel voller astrologischer Symbole barg. Auch die Borkenküche, ein kleiner Rundbau, in dem für die Teilnehmer der Zusammenkünfte in der Muschelgrotte gekocht wurde, ist mittlerweile rekonstruiert. Insgesamt 80 Eichenbäume wurden in einem sächsischen Staatsforst gefällt, um die beiden Gebäude wieder so unscheinbar mit Borken einzukleiden wie einst.

An der Nordostecke des Neuen Gartens hat die Schlösserverwaltung die strahlend weiße Herme des griechischen Feldherrn Themistokles wieder aufstellen lassen. Themistokles hatte einen Spruch des Orakels in Delphi richtig gedeutet, ehe er gegen die Perser in den Krieg zog und sie in einer Seeschlacht besiegte. Friedrich Wilhelm II. suchte in spiritistischen Sitzungen den Rat von Geistern, bevor er 1792 zu einem weniger erfolgreichen Feldzug gegen das revolutionäre Frankreich aufbrach.

Peter Joseph Lenné (1789–1866) gestaltete Teile von Park Sanssouci, die Pfaueninsel und das Babelsberger Parkgelände im Stil englischer Landschaftsgärten. Sein erster Auftrag in Potsdam war die Modernisierung des Neuen Gartens. Porträtgemälde von Karl Joseph Begas d. Ä., 1830.

Nach dem Tod des Königs im Marmorpalais am 16. November 1797 ließ sein Sohn die Gräfin Lichtenau verhaften und beendete die geheimbündlerische Vetternwirtschaft am preußischen Hof. Der vom Nachfolger ungeliebte Neue Garten blieb weitgehend sich selbst überlassen. Seine Überarbeitung und Modernisierung war 1816 die erste Aufgabe für den aus Koblenz nach Potsdam berufenen Gartengestalter Peter Joseph Lenné. 1905 zog das letzte Kronprinzenpaar der Hohenzollernmonarchie ins Marmorpalais ein. Im Neuen Garten fühlten sich Kronprinz Wilhelm und seine Gattin so wohl, dass sie sich ein neues Riesenschloss mit 176 Räumen errichten ließen: Cecilienhof.

Es trägt den Namen der populären Kronprinzessin und wurde im damals modischen Landhausstil erbaut, mit Zentralheizung, Klimaanlage, fließend warmem Wasser, großzügigen Bädern und eleganten Einbauschränken. Cecilie bekam ein Kabinett in Gestalt einer holzverkleideten weißen Schiffskabine – als Erinnerung an

Fachwerkkunst im englischen Cottagestil: Das 1913–17 erbaute Schloss Cecilienhof gruppiert sich um mehrere Innenhöfe und fügt sich asymmetrisch in den Park ein. Hier der Blick vom Jungfernsee auf das Schloss.

ihre glückliche Jugend in Mecklenburg. Cecilienhof war das modernste Schloss der Hohenzollern. Und ihr letztes in Potsdam. Die Bauarbeiten dauerten bis in den Ersten Weltkrieg, danach kam das Aus für die Monarchie. Heute ist Cecilienhof teilweise Hotel, teilweise Museumsschloss mit einer 2012 neu gestalteten Dauerausstellung und Gedenkstätte für die Potsdamer Konferenz. Im Sommer 1945 berieten Stalin, Truman, Churchill und sein Nachfolger Attlee hier in Cecilienhof über die Zukunft Deutschlands und Europas.

Die Aufteilung Deutschlands in Besatzungszonen wurde dabei zementiert, was sich später sehr schädlich auf den Neuen Garten auswirkte. Da sein nördlicher Teil an den Jungfernsee grenzt, über den man in den amerikanischen Sektor Berlins hätte schwimmen können, wurde dieser Bereich scharf kontrolliert und im Zuge

Josef Stalin – in heller Uniform – nebem dem sowjetischen Außenminister Molotow, dem amerikanischen Präsidenten Harry S. Truman und dem britischen Premierminister Clement Attlee am Konferenztisch im Sommer 1945 in Schloss Cecilienhof.

des Mauerbaus mit Grenzsperren versehen. Überdies war schon seit Kriegsende an der langen Westseite des Parks für Zivilisten kein Durchkommen mehr, da sich dort ein abgeschirmtes Militärstädtchen für sowjetische Offiziere befand. Im Marmorpalais eröffnete 1961 die Nationale Volksarmee ein Armeemuseum, in dem DDR-Schulklassen laut Ausstellungsführer beigebracht werden sollte, „dass eine Revolution nur dann etwas wert ist, wenn sie sich zu verteidigen versteht". Das Militär hatte den Neuen Garten des genussfreudigen, militärisch desinteressierten und glücklosen Friedrich Wilhelm II. über Jahrzehnte fest im Griff. Im Zuge der deutschen Wiedervereinigung mussten die deutschen und russischen Soldaten abziehen, und die Heiterkeit kehrte zurück. Das Marmorpalais ist nach langwieriger Restaurierung wieder ein prachtvolles Museumsschloss, die Uferböschungen am Heiligen See sind neu befestigt und bepflanzt. Aus dem Neuen Garten führen wieder schöne Spazierwege hinauf auf den Pfingstberg mit Schinkels zierlichem Pomonatempel und dem sanierten Belvedere, das Friedrich Wilhelm IV. als pompösen Aussichtspunkt errichten ließ. Der Jüdische Friedhof,

Folgende Doppelseite:
Aus dem Neuen Garten gelangt man auf schönen Spazierwegen zum Belvedere auf dem Pfingstberg, das Friedrich Wilhelm IV. bis 1863 als Aussichtspunkt errichten ließ. Eine Potsdamer Bürgerinitiative setzte sich seit 1988 für die Rettung des verfallenen Baus ein, der bis 2005 komplett wiederhergestellt wurde und ein beliebter Ort für Hochzeiten geworden ist.

Zwischen der Alexandrowka und dem Belvedere auf dem Pfingstberg, der früher auch „Judenberg" genannt wurde, liegt malerisch der Jüdische Friedhof. Er wurde bereits 1743 angelegt. Nach der Auslöschung der Jüdischen Gemeinde Potsdams in der NS-Zeit verwahrloste das Gelände. Zwar wurde es 1977 unter Denkmalschutz gestellt, aber eine sorgfältige Sanierung war erst nach der Wiedervereinigung möglich. Auch die 1910 errichtete Trauerhalle konnte 1995 erneut eingeweiht werden. Seit 1992 finden wieder Beisetzungen statt, nicht nur von Mitgliedern der wachsenden Jüdischen Gemeinde in Potsdam, denn es handelt sich um den einzigen voll funktionstüchtigen jüdischen Friedhof im Land Brandenburg.

die russisch-orthodoxe Kapelle und die Holzhäuser der Alexandrowka liegen nebenan. Wer diese Gegend vor oder bald nach dem Fall der Mauer gesehen hat, wird sie kaum wiedererkennen. Magie war nicht im Spiel, und doch mutet es an wie ein Wunder.

Der Weg zum Glück
Sacrow

„Sacrow (nur Filial) liegt eine Meile ab, auf einer Straße, die niemand bereiset als ich, was denn beim Schnee desto beschwerlicher fällt, noch dazu, da es durch die Heide geht, wo der Wind oft sehr zusammendeilt. Es ist in allem Betracht ein verdrießlich Filial, und doch muß ich es alle vierzehn Tage bereisen. Gott! du weißt es, wie ich dann den ganzen Tag vom Morgen bis Abend fahren und reden muß, wie sauer es mir jetzt wird in der Hitze des Sommers, in der Kälte des Winters", seufzte der Pfarrer Moritz aus Fahrland, der im späten 18. Jahrhundert zum Predigen, zu Taufen und Beerdigungen nach Sacrow musste. Die Straßen sind besser geworden, im toten Winkel liegt der Ort immer noch: Von der Potsdamer Insel trennen ihn der Jungfern-, der Lehnitz- und der Krampnitzsee. Mit dem Wassertaxi ist man schnell hinübergefahren, aber Rad- und Autofahrer müssen einen langen Umweg um die Seen herum nehmen. Näher als Potsdam liegt Berlin, seit die Mauer bei Sacrow gefallen ist. Vom Berliner Hottengrund führt eine schmale Asphaltpiste durch den Wald, sie scheint eher in ein Naturreservat als zu einer Siedlung zu führen.

Sacrow liegt verträumt zwischen den Seen, ein paar schöne alte Villen gibt es dort, und mittendrin leuch-

tet als Farbfleck eine Blumengärtnerei. Früher muss auch Wein angebaut worden sein. Ein Waldhügel heißt „Weinberg" und eine Straße „Weinmeisterweg". Folgt man ihr, gelangt man zu einer winzigen Badestelle, wo das Wasser so sauber ist, dass man fingerlange Wasserschnecken herausfischen und zwischen Schilf und rosa blühenden Seerosen auf den Sacrower See hinausschwimmen kann. Ringsum von Wald und Schilf umgeben, scheint er in schönster Waldeinsamkeit fern von Berlin und Potsdam zu liegen, weitab von der Havel mit ihren kultivierten Parkufern und dem Bootsgewimmel auf dem nahen Wannsee.

Nach Sacrow führen stille Wege zum Glück. Von 2005 bis 2008 drehte eine Babelsberger Produktionsfirma dort Außenaufnahmen für eine Telenovela, die es im Zweiten Deutschen Fernsehen auf sage und schreibe 789 Folgen brachte. In der Nachmittagsserie *Wege zum*

Schloss Sacrow, von König Friedrich Wilhelm IV. 1840 erworben, ist ein ländliches Gutshaus in idyllischer Lage. Es liegt abseits der Touristenrouten durch Potsdam und ist gerade wegen seiner Unberührtheit ein besonders lohnendes Ziel.

Glück hieß der Ort „Falkental". Im Gutshaus der Familie van Weyden tobte ein Familienkrieg um Liebe und Geld, es wurden undurchschaubare Intrigen gesponnen, Vaterschaftstests gefälscht und Gifte in die Drinks der Rivalen gerührt. Die meisten Szenen entstanden wie am Fließband in den Babelsberger Filmstudios, jeden Werktag eine neue Folge von 40 Minuten; nur ab und zu gönnte sich die Crew einen schönen Dreh in der frischen Luft des Sacrower Parks.
Zwischen riesigen Platanen leuchtet das kleine weiße Schloss, im Fernsehen war es das Gutshaus der van Weydens. „Schloss Sacrow" wird es genannt, seit es König Friedrich Wilhelm IV. im Krönungsjahr 1840 ankaufte. Von allen Potsdamer Schlössern ist es das bodenständigste und bescheidenste, das macht seinen besonderen Charme aus. Neben dem zweistöckigen märkischen Gutshaus stehen ein paar kleine Wirtschaftsgebäude, früher müssen hier gackernde Hühner spazieren gegangen sein. „Ein Ratzenloch" (Rattennest) sei Sacrow gewesen, schreibt der Pastor Moritz, bevor 1773 der schwedische Graf Hordt das Gutshaus bauen und einen kleinen Park anlegen ließ. Hordt diente dem Alten Fritz als Offizier und brachte es bis zum Gouverneur von Spandau. Der romantische Dichter Friedrich Baron de la Motte Fouqué verlebte auf dem Gut einige Kindheitsjahre, möglicherweise hat ihn die Jugend am Wasser zu seinem Nixenmärchen *Undine* inspiriert. Die preußische Herrscherfamilie interessierte sich für den Erwerb des Anwesens Sacrow, weil sich vom Ufer des Jungfernsees großartige Ausblicke auf Potsdam und die anderen Schlösser boten. Nach dem Neuen Garten, der Pfaueninsel, Klein Glienicke und Babelsberg war Sacrow der fünfte Hohen-

Die 1844 geweihte Sacrower Heilandskirche setzte Architekt Ludwig Persius – auf Fernwirkung berechnet – direkt ans Ufer des Jungfernsees. Frühchristliche Basilikabauten standen für den Entwurf Pate.

zollernpark, den Peter Joseph Lenné rund um die zum Jungfernsee verbreiterte Havel anlegte. Die weite Wasserfläche sollte die Gärten zu einem einzigen riesigen Landschaftspark verbinden.

Vom Schloss oder besser Gutshaus sind in den letzten Jahren die Sichtschneisen durch den Park nach Babelsberg und Potsdam wieder frei geschlagen worden. Der ganze Reichtum der Blickbeziehungen erschließt sich bei einem Spaziergang entlang des Uferwegs. Wie Ausrufezeichen stehen schlichte grüne Holzbänke überall dort, wo sich eine schöne Sicht auf Schloss Cecilienhof, das Belvedere auf dem Pfingstberg, das Marmorpalais, nach Babelsberg oder Schinkels Casino im Glienicker Park ergibt. Am Schnittpunkt des Uferwegs mit der barocken Hauptachse des Gutsparks ragt ein gemauerter Aussichtspunkt, die halbrunde Römische Bank, in den Schilfgürtel des Jungfernsees hinaus. In der Telenovela war sie ein beliebter Picknickplatz. Ein paar Schritte weiter liegt die Sacrower Kirche wie ein vertäutes Schiff am Ufer. Die noble Backsteinbasilika mit dem schlanken Campanile des Architekten Ludwig Persius ist ein Blickfang für die Schiffe auf der Havel. Nicht minder malerisch sind die Aussichten aus der um den Kirchenraum gezogenen Säulenhalle auf das Wasser. Als „Ecclesia Sanctissimi Salvatoris in Portu Sacro" – Heilandskirche im Heiligen Hafen – wurde das Gotteshaus 1844 geweiht. Die Kirche ist offen dank der Initiative eines rührigen Bürgervereins, der Geld für die Restaurierung der Orgel sammelt und im Gutshaus gelegentlich Lesungen und Konzerte organisiert. Der Sternenhimmel in der Kirche und das Fresko von Jesus mit den Jüngern in der Apsis strahlen in frischen Farben wie zur Erbauungszeit. Man kann Postkarten kaufen, auf denen dokumentiert ist, wie es vor 20 Jahren aussah: Im Innern glich die Kirche einer Ruine. Sie hatte zwischen Betonmauern und Stacheldraht mitten im Todesstreifen gestanden, der unzufriedene DDR-Bürger abhalten sollte, in die Havel zu springen, um mit wenigen Schwimmzügen Westberliner Gewässer zu erreichen.

Ein Drittel des Gutsparks war mit solchen Grenzbefestigungen überzogen, auf dem übrigen Gelände standen Schuppen, Ställe und Trainingsanlagen für die Ausbildung von Zollhunden. Anfallenden Müll entsorgten die Grenztruppen in den Teichen des Parks. 1993 hat ihn die Stiftung Preußische Schlösser und Gärten übernommen und so weit ausgemistet, dass seine Schönheiten wieder erkennbar sind.

Vorerst bleibt Sacrow ein Ort heimlicher Sehenswürdigkeiten. Über der Eingangstür zum Campanile der Kirche hängt ein Relief, das man von fern für die Dar-

stellung eines Gekreuzigten halten kann. Auf den zweiten Blick erkennt man einen Mann, der über seinem Kopf eine Weltkugel hält, umzuckt von Elektroblitzen. Die Gedenktafel aus dem Jahr 1928 erinnert an die erste Funkantenne in Deutschland. Im Sommer 1897 benutzten die Physiker Adolf Slaby und Georg Graf von Arco den Glockenturm für Experimente, bei denen es ihnen gelang, Funksignale über den Jungfernsee bis hinüber zur Matrosenstation an der Glienicker Brücke zu übertragen. Nach gescheiterten Versuchen auf der Pfaueninsel kamen die von Sacrow mit Morsezeichen übermittelten Telegramme in Potsdam an, wovon sich auch der technikbegeisterte Kaiser Wilhelm II. persönlich bei einem Besuch überzeugte.
Hinter den Wirtschaftsgebäuden des Gutes liegt ein schöner alter Obstgarten. Der große Süßkirschenbaum in der Mitte bietet seine Früchte an tief herabhängenden Zweigen an. Neben der Obstplantage stand die „Tausendjährige Eiche", nach Schätzungen von Dendrologen immerhin 700 Jahre alt, jetzt ein imposanter Trümmerhaufen aus knorrigen Ästen und rostigen Eisenstangen, die den Baum stützten, bis er zusammenkrachte. Moos und Pilze wachsen auf der toten Rinde. „Sie sank, weil sie zu stolz und kräftig blühte! / Die abgestorbne Eiche steht im Sturm, / Doch die gesunde stürzt er schmetternd nieder, / Weil er in ihre Krone greifen kann" – ein Naturbühnenbild wie für ein Drama von Kleist, der in Potsdam die Stadtschule besuchte. Aus dem abgebrochenen, geborstenen Eichenstumpf ist an dünnen Ästen wieder eine halbseitige Blätterkrone herausgewachsen. Die Schönheit von Potsdam ist verletzlich, flüstern die Blätter, aber sie ist nicht totzukriegen.

Kein Gekreuzigter: Das Relief erinnert an Funkversuche vom Glockenturm der Sacrower Heilandskirche im Jahr 1897. Es stellt einen Mann dar, der über seinem Kopf eine von Elektroblitzen umzuckte Weltkugel hält.

Stadt

Man muß, wenn man über Potsdam schreibt, ganz gleich als was und wer, endlich mal vom Exerzierreglement loskommen und sich der Schönheit dieses Ortes rein und frei hingeben.

Georg Hermann, Spaziergang in Potsdam (1929)

Das Potsdamer Stadtschloss auf einer Vorkriegsaufnahme von 1931. Nach dem 2010 begonnenen Wiederaufbau soll hier der brandenburgische Landtag einziehen.

Das gemeine Truppenvieh horcht nur auf die Pauke
Die Garnison

Potsdam hat Glück gehabt: Seine Schlösser sind ihm erhalten geblieben, bis auf eines; und das steht nach Jahrzehnten wieder da, zumindest als Fassade, dort wo Potsdam immer noch gezeichnet ist vom rabiaten Unglück. In seinem historischen Kern hat es sein Gesicht verloren. Zusammen mit dem originalen Stadtschloss und der Garnisonkirche sind nach dem Zweiten Weltkrieg ganze Zeilen jener Wohnhäuser verschwunden, die Anlass gegeben hatten, Potsdam als ein „Juwel des Rokoko und des Klassizismus" zu preisen, was vielleicht ein bisschen übertrieben, sicherlich aber nicht falsch war.

Die Nikolaikirche mit der hohen Kuppel, die ihre erhebende Wirkung vollends im Innenraum spüren lässt, ist instand gesetzt; 1981 feierte man nach 36 Jahren erstmals wieder einen Gottesdienst in dieser Potsdamer Hauptpfarrkirche. Das Alte Rathaus, Mitte des

Die 1836 gebaute Ratswaage ist der Mittelpunkt des Neuen Marktes. Im ehemaligen königlichen Kutschstall (linke Bildhälfte) wurde 2003 das Haus der Brandenburgisch-Preußischen Geschichte eröffnet.

18. Jahrhunderts erbaut, bis 1885 Sitz von Bürgermeistern, die den königlichen Beamten nicht viel zu sagen hatten, sieht fast wie neu aus. Das Knobelsdorffhaus ein paar Schritte nebenan ist restauriert, einiges andere auch, so der Marstall, der Rest der Schlossanlage, in dem das Filmmuseum untergebracht ist. Der aufwendig restaurierte Neue Markt mit dem Haus der Brandenburgisch-Preußischen Geschichte im Kutschstall präsentiert sich heute wieder als intakter Stadtplatz des 18. Jahrhunderts.

Am Obelisken vor der Nikolaikirche sind in den DDR-Jahren die Medaillons ausgewechselt worden, aus politischen Motiven; statt den Großen Kurfürsten und die ersten drei Preußenkönige zeigen sie die für Potsdam bedeutendsten Baumeister: Georg Wenzeslaus von Knobelsdorff (1699–1753), Carl von Gontard (1731–1791), Karl Friedrich Schinkel (1781–1841) und Ludwig Persius (1803–1845), eine kleine Korrektur am Stadt-Image, die gern bejaht, wer Potsdam nicht durch die Brille irgendeiner Ideologie betrachtet. Die größeren Veränderungen allerdings summierten sich im

Gegenüberliegende Seite: Der Obelisk vor der Nikolaikirche wurde 1755 errichtet. Seit 1979 sind die Ecken durch Bildnisse der Baumeister Knobelsdorff, Gontard, Schinkel und Persius besetzt.

Folgende Doppelseite: Der 1962–65 zugeschüttete Potsdamer Stadtkanal wird seit 1999 wieder freigelegt. Seine Ursprünge gehen auf einen schon im Mittelalter existierenden Entwässerungsgraben zur Havel zurück, der unter Friedrich Wilhelm I. ab 1722 begradigt und auf eine Gesamtlänge von anderthalb Kilometer ausgebaut wurde. Im Hintergrund links das 1904–07 errichtete Gebäude des Landesrechnungshofs Brandenburg, rechts die Max-Dortu-Grundschule in einem Bürgerpalais von 1771.

Gegenüberliegende Seite: Das Alte Rathaus mit goldener Atlasfigur auf dem Tambour entstand 1753–55 nach Ideen und im Auftrag Friedrichs des Großen, als Vorbild diente ein Entwurf von Palladio. Das Bürgerhaus rechts daneben heißt nach seinem Architekten „Knobelsdorffhaus". Im Zweiten Weltkrieg zerstört, wurde das Rathaus bis 1966 als Kulturhaus wiederhergestellt. Seit 2012 ist es Ausstellungsort des Potsdam Museums.

Folgende Doppelseite: Das Brandenburger Tor am Ende der Brandenburger Straße wurde 1770, nach dem Siebenjährigen Krieg, unter Friedrich dem Großen als Ersatz für ein früheres Tor, das Teil der Stadtbefestigung war, erbaut. Es hatte repräsentative Zwecke und ist als Zeichen des Sieges in Form eines römischen Triumphbogens errichtet worden.

Planungs- und Bau-Debakel nach dem Zweiten Weltkrieg zu einer einzigen Untat wider die Stadt. Der schwere Schaden, den sie in der Bombennacht 1945 erlitt, ist dauerhaft verschlimmert worden. Wenn's nur die Hochhäuser aus der Fertigteilproduktion der Plattenkombinate wären, oder die öde Leere eines „Aufmarschplatzes" …

Da hilft kein Lamento; die alte Stadt Potsdam, jene mit dem anderthalb Kilometer langen Stadtkanal, von dem geschwärmt wurde, er sei „das Schönste, was Potsdam an Stimmung bietet", und der zugeschüttet, allerdings inzwischen teilweise wieder freigelegt wurde, diese unverwechselbare Stadt ist vergangen. Und doch ist sie im Hier und Heute allenthalben noch gegenwärtig, im Blick auf ihre Relikte, der zum Gedankenspaziergang ermuntert.

Heute hat Potsdam sein Zentrum in der Neustadt, die so neu nicht ist; angelegt wurde sie in einem Bauboom, der Folge der strikten Weigerung des Berliner Magistrats war, seinen Bürgern die Einquartierung der Soldaten Friedrich Wilhelms I. zuzumuten. Also zog der Soldatenkönig mit seiner Truppe in Potsdam ein. Sie brauchte Brot; im Raum von Potsdam drehten sich alsbald 20 Windmühlen. Sie brauchte Waffen; eine Gewehrfabrik, damals der größte Rüstungsbetrieb in Preußen, nahm den Betrieb auf; sie brauchte Bier; der König, der selbst einen großen Durst hatte, ließ eine Königliche Brauerei einrichten; 1829 wurde sie von einem Privatunternehmer übernommen, der das gerühmte „Potsdamer Stangenbier" braute.

Und die Truppe brauchte immer mehr Unterkünfte, zumal es noch keine Kasernen gab; so waren die Dachkammern im Holländischen Viertel, auf dem mit

MDCCLXX

holländischer Entwässerungstechnik trockengelegten Faulen See, Soldatenstuben. Knapp 200 Häuser, rund 1500 Einwohner hatte Potsdam, bevor es Garnison wurde. Als Friedrich Wilhelm I. 1740 starb, war die Einwohnerzahl auf das Achtfache gewachsen, zählte man 1154 Häuser.

Vor lauter Geist-, Historien- und Kunstbetrachtung wird leicht übersehen, dass die meisten Leute in dieser Stadt ihrem Gewerbe nachgingen wie andernorts auch. Nach Berlin hatte Potsdam zum Beispiel die größten Seidenmanufakturen in Preußen. Was man heute unter Industrie versteht, entwickelte sich freilich nicht. Lange Zeit waren die Gewehrfabrik und eine Zuckersiederei die einzigen Betriebe mit mehr als 200 Beschäftigten. Nach heutigen Begriffen war Potsdam eine Dienstleistungsstadt; und das Besondere an ihr, und was sie geschichtsnotorisch machte, war ihr Charakter als Beamten- und Soldatenstadt. Dazu gehörte auch, dass sie als „Pensionopolis" beliebt wurde, angenehm für den Ruhestand, und viel „Etagen-Adel" in den gutbürgerlichen Mietshäusern wohnte, Verdienstadel ohne Grundbesitz. Die Beamtenzahl stieg stetig an, seit Friedrich Wilhelm III. immer mehr Behörden von Berlin nach Potsdam verlegen ließ.

Auffälliger als die Beamtenschaft war natürlich das Militär, erst recht als sich immer mehr Kasernen ins Stadtbild drängten. Unter Kaiser Wilhelm II. war Potsdam Garnison für ein halbes Dutzend Garderegimenter; und in der Garde sah man alles Preußische, gleichgültig, ob man's verehrte oder hasste, wie in Reinkultur verkörpert. Das Gardeoffizierskorps galt als die vornehmste Spitze der preußischen Gesellschaft. Seine Vorstellung von Gott, König, Vaterland war nicht nur für die Armee verbindlich; seine Sitten und Marotten mitsamt der abgehackten Sprechweise, anfangs übernommen von Friedrich Wilhelm III., der kaum einen Satz vollständig von der Zunge brachte, setzten Maßstäbe für nahezu jedermann, der nach gesellschaftlicher Geltung strebte.

Als in der wilhelminischen Ära die sozialen Gegensätze in Deutschland sich krass verschärften, wurde der Potsdamer Gardeoffizier prompt zur bevorzugten Zielscheibe ätzender Satire: Am Rande einer Parade mit Musik belehrt ein dicklicher Major vom Pferd herab eine Dame, die unterm Sonnenschirm zu ihm aufschaut: „Die Melodie, gnädige Frau, ist für die Herren Offiziere. Das gemeine Truppenvieh horcht nur auf die Pauke. Bumm ist immer links." Oder die verkappte Logik eines ältlichen Kavallerieoffiziers, dem eine junge Frau einen Korb gibt. „Jnädigste sagen, die wichtigsten Bedingungen fehlen, dass ich Sie glücklich machen könnte? Na, erlauben Sie mal, stehe in der Blüte der Jahre, bin aus ältestem Adel, jehöre einem anjesehenen Regiment an, Sie haben unjeheures Jeld, na um Jotteswillen, was soll mir dann noch fehlen?"

In solchen Witzen zu den sarkastischen Zeichnungen eines Eduard Thöny oder Fritz Koch-Gotha in Blättern wie dem *Simplicissimus*, der unverfrorensten Satirezeitschrift im wilhelminischen Deutschland, repräsentierte der Gardeoffizier eine feudale Klasse, die man in Potsdam wie nirgendwo sonst versammelt sah. Völlig aus der Luft gegriffen war solcher Eindruck nicht; symptomatisch für das zugespitzte Standesbewusstsein war unter anderem, dass erst um 1900, als mehr Rücksicht auf ein ebenso reiches wie patriotisches Großbürgertum geboten war, vereinzelt auch Leut-

Frühling in Potsdam: „Wenn die nicht bald aufhören, schieß ick." Karikatur von Ernst Heilemann (1870–1936) aus seinem Buch *Die Berliner Pflanze*, erschienen 1908 in München. Der Künstler arbeitete in Berlin unter anderem für die Satirezeitschrift *Simplicissimus*, für die er über 150 Zeichnungen lieferte.

nants ohne Adelsprädikat in hochherrschaftliche Regimenter aufgenommen wurden, in den bislang ausschließlich adeligen Zechrunden im Kasino bespöttelt als „Konzessions-Schulzen". Am vornehmsten dünkten sich das 1. Garderegiment zu Fuß, in dem auch Hohenzollernprinzen, oft schon im Knabenalter, exerzieren lernten, und die berittene Gardes du Corps; deren Name stammte aus dem französischen Spätmittelalter und bezeichnete eigentlich die Bewacher königlicher Gemächer.

Kaiser Wilhelm II. und Prinz Eitel Friedrich von Preußen beim Abschreiten der Leibkompanie des 1. Garderegiments zu Fuß, um 1906.

Von den rund 60 000 Einwohnern, die Potsdam 1905 zählte, waren elf Prozent Militärpersonen. Zu den Kasernen hatten sich Offiziers-, Unteroffiziersschule, Kadettenanstalt, Militärbürokratie gesellt. Bemerkenswert, auch weil zwei Flügel seines von Gontard errichteten, 1778 eröffneten Neubaus erhalten sind, ist das Militärwaisenhaus. Friedrich Wilhelm I. hatte es 1722 gestiftet. Nach dem Siebenjährigen Krieg beherbergte es zeitweilig an die 2000 Jungen und 500 Mädchen, meist uneheliche Kinder von Grenadieren und den Frauen, die in Bürgerquartieren bedienstet waren; im sonst recht puritanischen Potsdam wurde über solche Verhältnisse nicht die Nase gerümpft. Die Kinder mussten 35 Stunden in der Woche in Textilmanufakturen oder in den Maulbeerplantagen der Seidenfabrikanten arbeiten. Der Neubau war bitter notwendig geworden: Von drei Prozent im Jahre 1724 war die Sterblichkeitsrate der Waisen 1777 auf 15 Prozent gestiegen.

Das Große Militärwaisenhaus – rechts die Fassade an der Ecke Breite Straße und Dortustraße – wurde als Erziehungsanstalt für Soldatenkinder 1724 gegründet und bis 1778 zur heutigen Größe ausgebaut. Die Figur oben auf dem Monopteros, der den Eingang des Haupthauses an der Lindenstraße bekrönt, stellt die Caritas (Nächstenliebe) dar.

Als der Kaiser und König 1918 abgedankt hatte und die Garde weggetreten war, blieben Potsdams Bürger monarchistisch gesinnt und militärfromm. Die Tradition der Garde pflegte das größtenteils in Potsdam stationierte Infanterieregiment Nr. 9 weiter, das seiner adligen Offiziere wegen als „I. R. Graf Neun" betitelt wurde. Mit dem „Geist von Weimar" in der 1919 konstituierten Republik wollte der „Geist von Potsdam" sich nicht arrangieren. Im Deutschland der Wirtschaftskrise mit dem Millionenheer von Arbeitslosen schien die Beamten- und Soldatenstadt einer Oase zu gleichen.

Deutlich macht's das Stimmungsbild, das Erika von Tresckow, eine junge Offiziersfrau, überlieferte: „Großer Zapfenstreich am Regimentshaus: Linder Abend, Fackelschein, feierlich getragene Musik, schwingende Brücke und alles sich widerspiegelnd im dunklen Wasser des Kanals: Spaziergänge durch schönste Gärten … Sommerabende am Wasser, Sommertage im Boot: im lieblichen Wechsel der Landschaft verteilt Schlösser und Schlösschen, die Tore und Terrassen … Sonnenuntergänge."

In den Wahlen erzielte in Potsdam regelmäßig die stramm rechts außen stehende Deutschnationale Volkspartei die absolute Mehrheit; sie hätte am liebsten die Hohenzollern zurück auf den Thron geholt. Gegen sie hatten auch die Nazis keine Chancen, bis sie nach ihrer Machtübernahme dafür sorgten, dass es alsbald in Potsdam und um Potsdam herum mehr Militär denn je gab. In Potsdam aber formierte sich auch Widerstand gegen Hitler und dessen Partei, wurden Umsturzpläne und Attentatsversuche vorbereitet. Viele Köpfe der Widerstandsbewegung, die am 20. Juli 1944 scheiterte, waren aus dem „I. R. Graf Neun“ hervorgegangen, unter ihnen Fritz-Dietlof Graf von der Schulenburg, der hingerichtet wurde; sein Schweigen in den Verhören rettete vielen Mitverschworenen das Leben. Henning von Tresckow, dessen Frau von den glücklichen Tagen in Potsdam geschwärmt hatte, erschoss sich. Letzter Adjutant des in „Grenadierregiment 9“ umbenannten „I. R. Graf Neun“ war an der Front der Jurastudent und Reserveoffizier Richard von Weizsäcker, der spätere Bundespräsident.

Die wenigen Soldaten, die heute durch Potsdam gehen oder fahren und eben nicht mehr „mit klingendem Spiel marschieren“, gehören zur Bundeswehr. Das Stabs- und Fernmeldebataillon, Feldjäger, ein Sanitätszentrum und Dienstleistungseinrichtungen der Armee sind in Potsdam und der Nachbargemeinde Schwielowsee stationiert; verlegt von Freiburg nach Potsdam wurde das Militärgeschichtliche Forschungsamt, das als historisch-wissenschaftliche Institution auch eine Zentralstelle kritischer Traditionsbewertung sein muss. 2013 ist es im „Zentrum für Militärgeschichte und Sozialwissenschaften der Bundeswehr“

In der Villa Ingenheim lebte bis 1942 Prinz Eitel Friedrich, der zweite Sohn des letzten deutschen Kaisers. Heute beherbergt sie das Zentrum für Militärgeschichte und Sozialwissenschaften der Bundeswehr.

aufgegangen. Zu dessen neuem Profil zählt das Forschungsfeld „Einsatz". Von Potsdam aus werden alle Auslandseinsätze der Bundeswehr zentral geplant und gesteuert. Das Einsatzführungskommando der Bundeswehr arbeitet in der Henning-von-Tresckow-Kaserne, einer ehemaligen Luftwaffenschule aus der Nazizeit, nur drei Kilometer Luftlinie vom Park Sanssouci entfernt.

Der Garten der Hugenotten

Hinterhöfe im Holländischen Viertel

An den Wänden des ehemaligen Wohnzimmers im ersten Stock hängen bunte Damenhüte und Zettel: „Keine Reklamation. Kein Umtausch." Touristinnen wühlen in Kleiderständern voller Jacken und Blusen. Das Parterre des Holländerhauses ist mit Kunstblumen, Nippes und Antiquitäten vollgestopft, hinten im Hof warten Blumentöpfe auf Käufer. Die Mittelstraße 3 im pittoresken Holländischen Viertel ist eine Touristenfalle mit Geschichte. In der Kaiserzeit betrieb hier ein gewisser Berthold Remlinger eine Spezialhandlung für „Sporen, Säbel und Militäreffekten". In dem Laden tauchte im Oktober 1906 ein magerer älterer Herr auf. Der arbeitslose und mehrfach vorbestrafte Schuster Wilhelm Voigt kaufte eine gebrauchte Hauptmannsuniform des 1. Garderegiments zu Fuß. Ein paar Tage später las der Besitzer des Ladens in der Zeitung von einem Raubüberfall auf das Rathaus der Berliner Vorortgemeinde Köpenick. Der flüchtige Täter hatte in Hauptmannsuniform zehn Soldaten von der Straße weg kommandiert, das Rathaus besetzt und sich die Stadtkasse aushändigen lassen.

Wie Gardesoldaten in schmucken roten Uniformen stehen die Backsteinhäuser des Holländischen Viertels stramm aufgereiht in vier rechtwinkligen Karrees. Das entsprach so dem Geschmack des Soldatenkönigs Friedrich Wilhelm I., der Potsdam 1713 zur Garnisonsstadt machte. Rund tausend Häuser wurden in seiner Regierungszeit errichtet, ihm verdankt das heutige Potsdam seine historische Altstadt zwischen Brandenburger Tor und Bassinplatz, zwischen Stadtkanal und

Die kleine Apfelstraße
Äpfel

CLEAN
CAR
740 55 56

Vorige Doppelseite: Nach Plänen von Johann Gottfried Büring entstand 1755 das Nauener Tor, eines der drei noch erhaltenen Stadttore in Potsdam.

Nauener Tor. Neben den „Langen Kerls“ und der Jagd liebte der König besonders die bürgerliche Geschäftigkeit holländischer Städte. In der Parforceheide, einem Jagdgebiet nahe Potsdam, ließ er sich von 1730 bis 1732 als einzigen Luxus ein bescheidenes Backsteinhaus mit holländischem Giebel erbauen: das Jagdschloss Stern. Wenig später begann der Bau von 134 stilechten Holländerhäusern am damaligen Stadtrand, für den eigens Handwerker aus den Niederlanden angeworben wurden.

Nach dem federführenden Baumeister Jan Bouman ist heute das Haus in der Mittelstraße 8 benannt. Wie sorgfältig das Quartier geplant, wie mühsam es auf dem sumpfigen Areal errichtet wurde und mit welcher Liebe zum Detail die ziegelroten Backsteinhäuser ausgeführt sind, erfährt man in dem stillen Museumshaus. Ein nach der Wende gegründeter Verein zur Pflege niederländischer Kultur in Potsdam hat es bis 1997 so originalgetreu wie möglich wiederhergestellt. Die Einteilung der Zimmer aus der Erbauungszeit ist noch vorhanden, die alten Feuerstellen und Kamine wurden freigelegt, über steile Holztreppen steigen wir bis unter den Dachstuhl. Ein paar holländische Holzschuhe stehen im Hausflur, der zu einem winzigen, mit Feldsteinen gepflasterten Hof führt. Ein niedriges Fachwerkgebäude im Hof ist völlig neu aufgebaut worden. Dahinter liegt ein zweiter Hof mit einem winzigen Hausgarten. Ein kleines Rasenstück, ein paar Blumen, Efeu an den Mauern und eine Apfelquitte haben gerade darin Platz. Man kann sich auf eine schlichte Bank setzen und sich an Bilder niederländischer Genremaler vom häuslichen Glück im Winkel erinnert fühlen. Als die DDR unterging, stand das Jan

In der Mittelstraße 3 (viertes Haus von links) kaufte 1906 der Schuster und Zuchthäusler Wilhelm Voigt die Uniform, mit deren Hilfe er die Stadtkasse im Rathaus von Köpenick erbeutete. Diese „Köpenickiade" machte den falschen Hauptmann weltberühmt.

Der Garten des 1735 erbauten Jan Bouman Hauses in der Mittelstraße 8. Das nach dem Baumeister des Holländischen Viertels benannte Museumshaus macht das typische Ensemble von Vorderhaus, Hof, Fachwerk-Hofgebäude und Hausgarten in seiner ursprünglichen Form erlebbar.

P EX 705

Vorige Doppelseite:
Die Mittelstraße im Holländischen Viertel, das ab 1732 in typisch niederländischer Bauweise entstand – unverputzt mit weißen Fugen, Fensterläden und teils geschwungenen Giebeln –, wurde in den beiden vergangenen Jahrzehnten Haus für Haus saniert.

Bouman Haus wie die meisten im Viertel leer und befand sich in einem jämmerlichen Zustand. Die denkmalgerechte Sanierung kam anfangs nur schleppend in Gang, mittlerweile haben sich die Mittel- und Benkertstraße im Herzen des Viertels zu belebten Flaniermeilen mit Andenkenläden, Galerien, Boutiquen, Kneipen und Cafés entwickelt. Ein wenig puppenstubenhaft ist alles geworden.

Hinter der Stiftungsbuchhandlung um die Ecke, Gutenbergstraße 71, ist ein weiterer sehenswerter Hof zugänglich, ein ziegelroter Fabrikkomplex, in den der 1888 gegründete wissenschaftliche Volksbildungsverein „Urania" mitsamt Planetarium und einer Gedenkstätte für den Potsdamer Astronomen Bruno H. Bürgel eingezogen ist. An der Nr. 76 hängt noch immer ein Firmenschild von Schuke, dem berühmten Potsdamer Orgelbauunternehmen. Erst 2004 ist die Potsdamer Traditionsfirma aus dem Holländischen Viertel ins nahe Werder an der Havel umgezogen. Die Nachbarin Hildegard Rugenstein vermisst die Klänge vom Stimmen der Orgelpfeifen. Sie ist Pastorin der Französisch-Reformierten Gemeinde und hütet den größten Garten im Holländischen Viertel.

König Friedrich Wilhelm II. schenkte der Hugenottengemeinde 1791 die beiden Holländerhäuser in der Gutenbergstraße 77/78, zu denen selbstverständlich auch ein Garten gehörte. Dort wurde Gemüse angebaut. Heute dient er als Treffpunkt für die Gemeinde. Gern wird im Garten zwanglos an gedeckten Tischen gefeiert. Auch Potsdam-Besucher können dort eine Verschnaufpause einlegen, wenn der gut sortierte Eine-Welt-Laden im Gemeindehaus geöffnet ist. Dann steht meist auch die Tür zum Gemeindegarten einladend offen.

Inmitten der schick herausgeputzten, kommerzialisierten Innenstadt soll er ein Ort der Besinnung bleiben, so wünscht es sich Hildegard Rugenstein. „Wir in Potsdam sind ein Völkergemisch", sagt die Pastorin, „und wir verwurzeln uns, wenn wir mit unsern Nachbarn pflanzen, ernten und feiern." Seit Langem hegt die Gemeinde Pläne, den Garten noch stärker zu einem Ort der Erinnerung an die Einwanderungsgeschichte zu machen. Von französischen Gärtnern eingeführte und von hugenottischen Botanikern benannte Pflanzen sollen gepflanzt werden: Ranunkeln, Usambaraveilchen, Kirschlorbeer oder die Kirschsorte „Kassins Frühe". Derzeit wachsen an der Gartenmauer von Gemeindemitgliedern gespendete Stauden und Unkraut noch wild durcheinander. Die Pastorin erklärt uns die symbolische Bedeutung der vorhandenen Bäume: Ein Walnussbaum war zu Zeiten des Soldatenkönigs obligatorisch, weil sich daraus haltbare Gewehrschäfte schnitzen ließen. Die Libanonzeder verweist auf den Tempel Salomons in Jerusalem. Und im Garten des Gemeindepfarrers durfte eine Priesterbirne – in Frankreich als „Poire de Prêtre" bekannt – nicht fehlen.

„Willst du die Weisheit ehren, so steh bedachtsam still und sieh, was Gott dich lehren, wie er dich bilden will!", heißt es in Psalm 107 in der Nachdichtung des Pfarrers Matthias Jorissen, die Ende des 18. Jahrhunderts in den reformierten Gemeinden in Gebrauch kam. Spielt die Stille in der Glaubenspraxis der Hugenotten eine besondere Rolle? Für die Pastorin ist der Garten mit seinen Blumen und Früchten eher ein Ausdruck der Freude an Gottes Schöpfung, ein Gegenpol zur protestantischen Klarheit und Direktheit des Gottesdienstes. „Hugenottisch ist die Stille vor der Bilder-

Die Figuren am Eingang zur Französischen Kirche am Bassinplatz stellen die Hoffnung und die Nächstenliebe dar. Der 1753 nach Plänen Georg Wenzeslaus von Knobelsdorffs errichtete Bau war ein Geschenk König Friedrichs II. an die Potsdamer hugenottische Gemeinde.

welt. Das können Sie sich in unserem Tempel ansehen." Der Tempel – das ist die alte Französische Kirche auf der anderen Seite des Bassinplatzes. Ein ovaler Rundbau, ein Pantheon im Miniformat, das der religionskritische Alte Fritz der Französischen Gemeinde 1753 geschenkt hat. Die helle, hohe, freundliche Kirche ist frei von Altar, Kruzifix und Bildern. „Optische Stille" nennt das die Pastorin. Um die freie Mitte stehen Stühle im Kreis. Die aufgeschlagene Bibel ist das spirituelle Zentrum, nichts soll vom Wort Gottes ablenken. An manchen Tagen werden in der Kirche ökumenische Taizé-Andachten gefeiert. Dann kommen auch Katholiken, Lutheraner und andere evangelische Christen in die Kirche der Reformierten, um gemeinsam mit ihnen zu singen und zu schweigen.

Russischer Archipel
Alexandrowka und Militärstädtchen Nr. 7

Gedämpftes Sonnenlicht fällt weich auf die Ikonen. Es duftet nach Kerzenwachs. Russische Kirchengesänge hallen leise durch die Alexander-Newski-Kapelle. Andächtig verharren die Besucher vor dem Ikonostas, der Bilderwand, die den Altar verbirgt. Nur während der russisch-orthodoxen Liturgie geben die Mitteltüren den Blick aufs Allerheiligste frei. Schaut man nach oben, fühlt man einen Sog hinauf in die Kuppel, die viel höher ist, als man beim Betreten der Kapelle erwartet. Stehend vor dem Ikonostas können höchstens 50 Gläubige an den Gottesdiensten teilnehmen. Ein Vielfaches an Spaziergängern und Touristen besucht die Alexander-Newski-Kapelle jeden Tag, genießt schweigend die Feierlichkeit des Ortes und zündet Kerzen als Fürbitte für die Liebsten an.
In dem russischen Holzhaus neben der Kirche wohnt Vater Anatolij, so nennen die Gemeindemitglieder ihren Erzpriester. Anatolij Koljada lehrte Atom- und Plasmaphysik in der Sowjetunion, ehe er sich mit 30 Jahren zum Priester weihen ließ und 1986 nach Potsdam zog. Seine Amtsvorgänger sind um die Kapelle unter alten Grabsteinen bestattet. „Hier ruht in Gott der Kaiserlich Russische Gesandtschafts Probst Johannes Tschudowski, geboren in Rußland zu Tschudowo im Gouvernement Nowgorod den 24ten October 1765, gestorben in Berlin den 6ten October 1838. Nach Gründung der Kolonie Alexandrowka erfolgte durch ihn die Einweihung dieser Kapelle, so wie er zuerst das geistliche Amt bei derselben verwaltete“, erzählt ein deutsch-russisches Epitaph an der Rückseite

Vorige Doppelseite:
Die 1829 eingeweihte Alexander-Newski-Kapelle steht etwas abseits der Siedlung Alexandrowka auf einer Anhöhe, dem Kapellenberg. Sie wurde ein Denkmal der deutsch-russischen Beziehungen in dieser Zeit. An den Entwürfen für dieses älteste russisch-orthodoxe Gotteshaus in Westeuropa war auch Karl Friedrich Schinkel beteiligt. Nicht weit entfernt liegen der Jüdische Friedhof und das Belvedere auf dem Pfingstberg.

der Kapelle. Aus der Ferne wirkt sie mit ihrem rosa Anstrich, den weißen Pilastern, den kupfergrünen Zwiebeltürmchen mit Goldkreuzen wie exotisches Zuckerbäckerwerk. Doch die älteste russisch-orthodoxe Kirche in Westeuropa bezaubert durch elegante Proportionen. Russische Tradition und preußischer Klassizismus sind in ihr eine einzigartige Symbiose eingegangen. Die aus Sankt Petersburg übersandten Pläne des Hofarchitekten Wassili Petrowitsch Stassow hat sein preußischer Kollege Karl Friedrich Schinkel überarbeitet und ergänzt. Überhaupt ist die Kirche ein Denkmal der innigen deutsch-russischen Beziehungen ihrer Zeit. Der erste Gottesdienst in der Kirche fand am 10. Juli 1829 im Beisein von Zar Nikolaus I., seiner Frau Alexandra Fjodorowna und König Friedrich Wilhelm III. statt. Die Zarin war die älteste Tochter des preußischen Monarchen und seiner früh verstorbenen, vom Volk verehrten Königin Luise. Politisch und militärisch waren Preußen und Russland seit dem Kampf gegen Napoleon um die Vorherrschaft in Europa enge Verbündete. Das spiegelt sich im Namen der Potsdamer Kirche: Alexander Newski war ein russischer Herrscher und Kriegsheld des Mittelalters, der von der russisch-orthodoxen Kirche heiliggesprochen wurde.
Als 1825 mit dem Zaren Alexander I. ein persönlicher Freund und wichtiger Verbündeter Friedrich Wilhelms III. starb, fasste dieser den Entschluss, zu seinem Andenken ein russisches Kolonistendorf bei Potsdam zu errichten: die Alexandrowka. Vorbild waren russische Militärdörfer, in denen die Soldaten während der Friedenszeiten ihren Lebensunterhalt als Bauern selbst erwirtschaften sollten. Für die russische Kunst- und Baugeschichte ist die Alexandrowka ein einzigartiger

Russische Sänger in preußischen Uniformen vor der Alexander-Newski-Kapelle. Sie waren während der napoleonischen Kriege von preußischen Truppen gefangen genommen worden und dienten seitdem dem König als Truppenunterhalter. Im Jahr 1830, als diese Lithografie entstand, war der Kapellenberg noch nicht bewaldet, die Kirche von der Siedlung Alexandrowka aus zu sehen.

Meilenstein, weil es eine vergleichbar gut erhaltene Anlage auf russischem Territorium nicht mehr gibt. Auf Kosten des preußischen Königs entstanden am Fuß des Kapellenberges 13 russische Blockhäuser, in die russische Sänger mit ihren Familien einzogen. Während der napoleonischen Kriege waren sie von preußischen Truppen gefangen genommen worden und dienten seither dem König als Truppenunterhalter. Noch heute wohnen in einem der Blockhäuser der Alexandrowka Nachfahren von Wassili Schischkoff, der 1827 als einer der Ersten ins russische Dorf einzog. Zu den nach der deutschen Wiedervereinigung Zugezogenen zählt auch ein gebürtiger Ostfriese: Jann Jakobs, der Oberbürgermeister von Potsdam.

Es sieht in der Kolonie heute fast wieder so aus wie in den Anfangszeiten: Die Blockhäuser sind in den vergangenen Jahren denkmalgerecht saniert worden, die

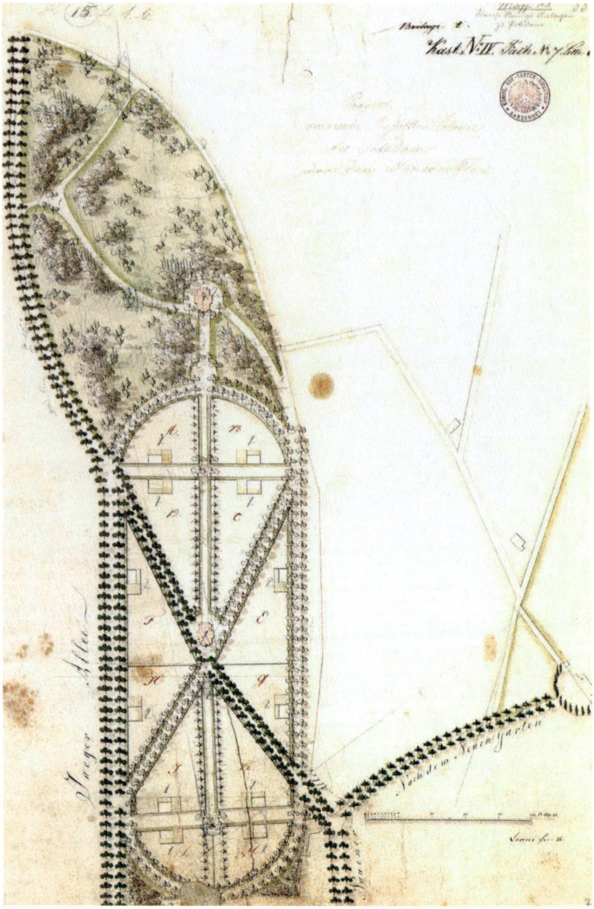

Planzeichnung der Mustersiedlung Alexandrowka von Peter Joseph Lenné, 1826. Die Mittelachse und die Querachsen wurden nicht ausgeführt. Die beiden Hauptalleen bilden symbolhaft ein Andreaskreuz. Andreas ist der Nationalheilige Russlands und hat für die orthodoxen Kirchen eine ähnliche Bedeutung wie sein Bruder Petrus für die römisch-katholische Kirche.

vom Holzwurm zerfressenen und vermoderten Fassadenornamente hat man vervollständigt, vor allem aber wurden die großen Gärten nach dem ursprünglichen Plan Peter Joseph Lennés neu angelegt. Die Alexandrowka war eine preußische Mustersiedlung mit sortenreichen Obstbaumalleen. Das filigrane Wegenetz ist durch die Neupflanzung von rund tausend Apfel-, Birnen-, Pflaumen-, Kirschen-, Quitten- und Pfirsich-

bäumchen wieder erkennbar. Auf den ehemaligen Äckern wachsen Wildblumen und Rosen. Ein Imker hat ein offenes Häuschen mit nach alten Vorbildern handgeflochtenen Bienenkörben aufgestellt. Hinter dem Haus Nr. 12 gedeiht ein besonders üppiger Bauerngarten mit Blumen und Kräutern, Kartoffelbeet, Kirsch- und Apfelbäumen. 1998 hat der Besitzer das Haus von der Stadt gekauft, der Garten zur Selbstversorgung ist nur gepachtet. Herr Andres ist von Beruf Musiker und Vorsitzender eines Kulturvereins, der Konzerte und jedes Jahr ein russisches Fest in der Alexandrowka organisiert. Durch hölzerne Gattertore gelangt man in die idyllischen, meist menschenleeren Gärten, die von den beiden Hauptalleen durch dichte Hainbuchenhecken abgeschirmt werden. Sie bilden symbolhaft ein Andreaskreuz, am Schnittpunkt im

Im Haus Nr. 1 der Siedlung Alexandrowka, dem ehemaligen Aufseherhaus, befindet sich heute ein russisches Lokal.

ehemaligen Aufseherhaus kann man Tee trinken und russisch speisen. Im Haus Nr. 2 befindet sich ein Museum zur Geschichte der Alexandrowka, es veranstaltet auch Freiluftkinoabende in den Gärten.

Als am Ende des Zweiten Weltkrieges erneut russische Soldaten nach Potsdam kamen, wurden einige in den Blockhäusern einquartiert. Das Villenviertel zwischen Alexandrowka, Pfingstberg und Neuem Garten riegelten die Sieger mit Mauern und Stacheldraht ab. Am 11. August 1945 mussten die Bewohner ihre Häuser binnen weniger Stunden verlassen, die großbürgerliche Nauener Vorstadt verwandelte sich in das sowjetische Militärstädtchen Nr. 7, eines von mehreren in der russischen Besatzungszone. Die Große Weinmeisterstraße wurde in „Ulica Centralnaja" (Zentralstraße) umbenannt, die Straße am Neuen Garten in „Ulica Bibliotecnaja" (Bibliotheksstraße), die Leistikowstraße in „Ulica Sportivnaja" (Sportstraße). In der Großen Weinmeisterstraße 7 war die Kommandantur, in Nr. 51 ein Wohnheim für ledige Offiziere, in der Nr. 54/55 ein Magazin, wo sich die Soldatenfamilien mit Moskauer Konfekt, Krimsekt und Kaviar versorgten. Nr. 46/47, die Villa Quandt, in renoviertem Zustand seit 1997 Sitz des Brandenburgischen Literaturbüros und des Theodor-Fontane-Archivs, war Teil einer Kaserne für Wachmannschaften, diente als Heizhaus und Sauna.

Als die Rote Armee 1994 abzog, waren die meisten Häuser in ruinösem Zustand. Davon ist zwischen den aufgeputzten Villen aus der Kaiserzeit heute so gut wie nichts mehr zu spüren. Die Kälte und Düsternis, die das für Zivilpersonen verbotene Militärstädtchen umgab, hat sich auf eine Gedenkstätte an der Leistikowstraße 1 zurückgezogen. In dem tristen Putzbau mit seinen kleinen vergitterten Fenstern befand sich seit Kriegsende ein Gefängnis des sowjetischen Geheimdienstes. Der Archipel Gulag reichte bis nach Potsdam, hier begann für Deutsche und Sowjetsoldaten nach brutalen Verhören die lange Reise in sibirische Arbeitslager. Aus den engen, feuchten Zellen im Keller drang kein Laut und keine Nachricht nach außen. Eine unheimliche Stille lag über dem ganzen Militärstädtchen. Erst nach dem Abzug der Sowjets wurde das Schweigen gebrochen: Potsdamer Bürger und die Menschenrechtsorganisation Memorial sammelten Dutzende von bedrückenden Berichten ehemaliger Häftlinge und setzten sich dafür ein, das KGB-Gefängnis als Gedenkort zu erhalten. Im Frühjahr 2012 wurde dort eine neue Dauerausstellung eröffnet, doch der Streit in Potsdam um eine angemessene Darstellung der dunklen Geschichte dieses Ortes und die Würdigung der Opfer geht weiter.

Kaiser, Proletariat und Stars
Babelsberg

Schlösser gibt's, die sind Scheußlichkeiten. Als Prinz Wilhelm von Preußen, just verheiratet mit Augusta von Sachsen-Weimar-Eisenach, nach einem Platz für einen repräsentativen Sommersitz mit Havelblick suchte, wurde er von Lenné auf den Babelsberg hingewiesen. Schinkel legte dem Bauherrn die ersten Entwürfe vor; Entscheidungen traf aber eher die Bauherrin. Prinzessin Augusta, die daheim in Weimar Unterweisung in Zeichnen und Malen auch vom Geheimrat Goethe erhalten hatte, war an künstlerischen Dingen hochinteressiert. In Architektur-Mode kamen damals

Augusta von Sachsen-Weimar-Eisenach (1811–1890), Gattin Kaiser Wilhelms I., ließ Schloss Babelsberg im englisch-neugotischen Stil errichten. Porträt von Minna Pfüller nach Vorlage von Franz Xaver Winterhalter, um 1861.

„Burgen". Friedrich Wilhelm IV., von dem abhing, was in sein Potsdamer „Landschaftsgemälde" hineingebaut werden durfte, hatte in seinen Skizzen einen „normännischen Stil" vorgegeben, in der Art englischer Gotik. Schloss Babelsberg wurde zweimal eingeweiht, 1835 und dann wieder 1849, fast zehn Jahre nach Schinkels Tod; und da war aus dem Schloss im englisch-neugotischen Stil, etwa nach Vorbild von Windsor, in Umbauten, Erweiterungsbauten, Turmbauten, Söllerbauten ein „Fantasieschloss à la Walter Scott" geworden, wie sogar ein sonst sehr hohenzollernfreundlicher Kritiker monierte, eines nach Vorstellungsweise des berühmten Verfassers von Ritterromanen. Freilich, auch Geschmacksverirrungen können sehenswert sein; und der Park braucht sich gewiss nicht zu schämen.
Pech hatte allerdings Peter Joseph Lenné, der den sandigen, während der napoleonischen Besatzungszeit abgeholzten Babelsberg im Auftrag des Prinzen und späteren Kaisers Wilhelm I. in einen grünen Hügel verwandeln sollte. 1833 begann er Parkwege, einen mit Blumen geschmückten Pleasureground und Rasenflächen – den Bowlinggreen – um die Baustelle von Karl Friedrich Schinkels Sommerschlösschen im neugotischen Tudorstil anzulegen, doch schon im folgenden heißen Sommer vertrockneten die Neupflanzungen.
Mehr Glück war dem populären Gartenkünstler und Lebemann Hermann von Pückler-Muskau beschieden, den Prinz Wilhelm zehn Jahre später mit der Weiterentwicklung des Parks beauftragte. Ihm wurde genehmigt, was Lenné aus Sparsamkeit zuvor verweigert worden war: eine moderne Bewässerungsanlage. 20 Kilometer Wasserrohre wurden verlegt, ein 1845 in Betrieb genommenes Dampfmaschinenhaus an der

Schloss Babelsberg, Rückansicht des Westflügels. Das Aquarell von Carl Georg Anton Graeb entstand um 1850, kurz nach Vollendung des Baus. Über 50 Jahre war das Schloss Sommersitz des Prinzen und späteren Kaisers Wilhelm I. (1797–1888) und seiner Frau Augusta.

Hermann Fürst von Pückler-Muskau (1785–1871), Schriftsteller, Landschaftsarchitekt und Offizier, wurde 1843 mit der Überarbeitung des Babelsberger Parks beauftragt. Holzstich nach einem Gemälde von Franz Krüger aus dem Jahr 1819.

Glienicker Lake pumpte das Wasser hinauf zum Schloss und in ein höher gelegenes Reservoir. Es speiste zahlreiche Brunnen und künstliche Wasserläufe, insgesamt 13 Fontänen im Umkreis des Schlosses. Die höchste, der sogenannte Geysir, schoss am Havelufer 40 Meter in die Höhe. Mehrere Millionen Euro hat die Schlösserstiftung in den letzten Jahren im Park Babelsberg verbuddelt, um das Bewässerungssystem und die Brunnen wieder zum Sprudeln zu bringen. Das mächtige Dampfmaschinenhaus aus dem 19. Jahrhundert unten an der Glienicker Lake wird nicht wieder in Betrieb gehen, in der Nähe wurde bereits eine moderne Elektropumpe installiert. Glück, dass es überhaupt noch da ist. Nachdem das Wassersystem 1968 stillgelegt worden war, wollten die DDR-Grenztruppen das Gebäude abreißen, denn nur wenige Meter vom Ufer verlief die Grenze nach Westberlin. Proteste der Schlösserverwaltung verhinderten den Abriss.

Am Ufer entlang führt ein Parkweg zum Tiefen See, zum Kleinen Schloss, das ein Restaurant beherbergt, und zum Matrosenhaus, das mit seinem Staffelgiebel an ein norddeutsches Rathaus erinnert. Wilhelm I. und seine Frau Augusta waren keine Italienliebhaber. Sie stellten sich lieber die in Berlin abgerissene gotische Gerichtslaube in den Park. Von dem Architekten Johann Heinrich Strack ließen sie sich 1853 bis 1856 eine Kopie des Eschenheimer Torturms in Frankfurt am Main als Refugium und Aussichtspunkt bauen. Der Name Flatowturm geht auf eine westpreußische Domäne zurück, aus deren Zahlungen Wilhelm den Bau finanzierte. Innen führt eine steile Wendeltreppe von der rustikalen Trinkhalle hinauf ins ehemalige Diener- und Arbeitszimmer, darüber hat die Schlösser-

stiftung eine hübsche kleine Ausstellung über die Sichtbeziehungen innerhalb der Potsdamer Landschaft eingerichtet. Ganz oben auf dem Zinnenkranz weht den Besuchern ein frischer Wind um die Nase. Dort erzählt der Gartendirektor der Schlösserstiftung von den Schwierigkeiten, einen vernachlässigten Landschaftspark wieder als Kunstwerk erfahrbar zu machen. 50 oder 100 Jahre alte Bäume, die ungeplant eine wichtige Sichtachse verstellen, kann er nicht einfach fällen lassen – dazu muss erst ein Einvernehmen mit den Naturschützern gefunden werden. Von oben sieht der Park mit seinen verschlungenen Wegen, Baum- und Gehölzgruppen aber schon wieder wie auf

Blick vom Park Babelsberg über das 1845 in Betrieb genommene Dampfmaschinenhaus an der Glienicker Lake hinüber zur Glienicker Brücke. Das Maschinenhaus diente als Pumpstation für die Wasserspiele im Park. Heute speist eine unterirdische Elektropumpe die alten Rohrleitungen.

Der Flatowturm im Park Babelsberg wurde von 1853 bis 1856 nach Plänen von Johann Heinrich Strack in Anlehnung an den mittelalterlichen Turm des Eschenheimer Tors in Frankfurt am Main errichtet. Der Turm hat seinen Namen von dem Gut Flatow in Westpreußen, das zum Besitz des Prinzen Wilhelm gehörte und aus dessen Einnahmen der Bau bestritten wurde. Der im neugotischen Stil errichtete Aussichtsturm steht innerhalb eines Wasserbeckens, das zur Bewässerung des Parks diente. Kaiser Wilhelm I. nutzte das Gebäude als Gästehaus und Refugium. Das Aquarell malte Carl Georg Anton Graeb um 1860.

Das Balkonzimmer im dritten Obergeschoss des Flatowturms mit seinem traumhaften Ausblick über den Babelsberger Park nutzte Kaiser Wilhelm I. als Arbeitszimmer.

einer filigranen Planzeichnung aus dem 19. Jahrhundert aus. Als Kunstwerk, betont der Gartendirektor, sei der Babelsberger Park in seinen Augen gleichrangig mit Sanssouci oder mit den berühmten Pückler-Parks in Branitz und Muskau.

Mit Park und Schloss hatte Lenné den Babelsberg harmonisch in das Potsdamer Landschaftsensemble einbezogen. Ein Jahrhundert darauf wurde jenem Potsdam, das an König, Kaiser, Garde und honorige Bürger denken ließ, sein krasses proletarisches Gegenstück zugeordnet: 1939 wurde die Stadt Babelsberg eingemeindet;

Folgende Doppelseite: Blick von der Glienicker Lake auf Schloss und Park Babelsberg. Die 1845 eingeweihte Fontäne, der sogenannte Geysir, erreicht bis zu 40 Meter Höhe.

und die bestand eben nicht nur aus einem vornehmen Viertel, wo Ufa-Stars nah an den Filmstudios wohnten und der ehemalige Reichswehrminister und letzte Reichskanzler vor Hitler, Kurt von Schleicher, ein Haus gemietet hatte, in dem er und seine Frau 1934 von Hitlers Schergen ermordet wurden. Babelsbergs größter Teil war Arbeiterstadt und hieß bis zum Zusammenschluss „Nowawes“; und Nowawes galt als „Hochburg der Roten“, ein Graus für das konservative Potsdam, seit in der Reichstagswahl 1912 im „Kaiserwahlkreis“ Potsdam-Spandau-Osthavelland Karl Liebknecht die meisten Stimmen gewonnen hatte.

Nowawes ist der ins Tschechische übertragene Name für Neuendorf, ein sandiges Nest, an dessen Rand 1751 eine Kolonie tschechischer Weber gegründet wurde, 156 Familien. In einem „Historischen Führer“, der 1987 noch in einem DDR-Verlag erschien und auf solche Details besonderen Wert legt, ist akribisch vermerkt: Nur an fünf Familien wurde die versprochene Ansiedlungsprämie von 50 Talern gezahlt; 63 erhielten nur vier Taler. 1765 wurde ein Ortsschulze zum Faktor, zum geschäftsführenden Vorgesetzten, ernannt, der die Weber auch zu Arbeiten in seiner Mühle zwang und ihnen als Monopolist des Lebensmittelhandels das Geld abknöpfte. 1769 gab es wieder selbstständige „Gewerke“ von Kattun- und Barchentwebern. Doch wieder wurde ein Faktor eingesetzt. 1785 fehlte für hundert Webstühle die Arbeit. Im zunehmenden Elend kam es zu Aufständen, den ersten von Arbeitern im Umkreis von Berlin. Die „Rädelsführer“ wurden ins Zuchthaus Spandau gesperrt. Auch der Gottesdienst in tschechischer Sprache, der noch bis 1809 gehalten wurde, war der Obrigkeit nicht recht. Und was immer

Typische Weberhäuser aus dem 18. Jahrhundert prägen bis heute das Ortsbild von Babelsberg. Hier wurde 1751 eine Kolonie tschechischer Weber gegründet.

man daran erklären und deuteln könnte, jedenfalls hatte die politische Unruhe in Nowawes ihre historisch-sozialen Wurzeln.

1920 ging vom Truppenübungsplatz Döberitz nördlich Potsdam der Kapp-Putsch aus, benannt nach einem rechtsradikalen Politiker, der die Regierung der Republik stürzen wollte und sich dabei auf eine Freikorpsbrigade stützte, die sich ihrer Entlassung durch die Reichsregierung widersetzte. Im kaiserlich gesinnten Potsdam fand der Putsch, der alsbald fehlschlug, offene Zustimmung. Im roten Nowawes bildeten sich Arbeiter-Aktionsausschüsse. Versammlungsverbote durch den Potsdamer Militärkommandanten wurden mit einem Protestzug erwidert, der zum Stadtschloss zog. Die Schlosswache schoss; vier Demonstranten wurden auf dem Alten Markt getötet.

Filme wie *Metropolis* von Fritz Lang (1925/26) machten den Drehort Babelsberg international bekannt. In einigen Ateliers aus der Zwischenkriegszeit wird noch immer gedreht. Im Filmpark Babelsberg und im Filmmuseum Potsdam sind Dekorationen und Requisiten berühmter Filme ausgestellt.

Mit dem Namen Nowawes sollte 1939 auch die Erinnerung an Rote-Hochburg-Zeiten getilgt werden. Babelsberg alias Nowawes war mittlerweile zu einem anderen Begriff geworden: Wer Babelsberg sagte, in genauerer Topografie „Neubabelsberg", der meinte „Film" und „Stars". 1911 hatte die Berliner Filmfirma Bioscop auf einem verlassenen Fabrikgelände nahe dem Bahnhof Nowawes eine Atelierhalle gebaut; erster Film, der dort gedreht wurde: *Der Totentanz* mit Asta Nielsen. Die 1917 gegründete Ufa (Universum-Film AG) machte dann Neubabelsberg zum deutschen Hollywood, zur seinerzeit größten Filmproduktionsstätte in Europa. Für Fritz Langs *Metropolis* wurde 1926 ein Großatelier errichtet, die bis heute als Filmstudio genutzte Marlene-Dietrich-Halle, für den ersten deutschen Tonfilm *Melodie des Herzens* wurde das fensterlose Atelier „Tonkreuz" gebaut.
Der Ufa folgte die Defa, die staatliche Filmgesellschaft der DDR. Heute sind ein Filmerlebnispark, der Rundfunk Berlin Brandenburg, die Hochschule für Film und Fernsehen „Konrad Wolf" und das Studio Babels-

berg auf dem weitläufigen Areal angesiedelt. Vorhandene Ateliers für Film- und Fernsehproduktionen wurden saniert und modernisiert, neue sind hinzugekommen. Als Drehort internationaler Großproduktionen wie *Der Pianist* von Roman Polanski oder *Inglourious Basterds* von Quentin Tarantino hat Babelsberg in der Filmwelt wieder einen exzellenten Ruf. Und da der größte Teil der Film- und Medienstadt durch öffentliche Straßen und Gehwege erschlossen ist, muss man nicht mal Eintritt für den Filmpark zahlen, um Studioluft zu schnuppern.

Insel der Wohltätigkeit
Hermannswerder

Die Lage könnte idyllischer kaum sein: An drei Seiten wird die Halbinsel Hermannswerder vom Havelwasser umspült, hohe Bäume und Schilf besetzen die Uferzonen. Streng genommen ist das lang gestreckte Eiland sogar eine richtige Insel, denn der Landstreifen zum Festland wird quer von einem Kanal durchschnitten, dem Judengraben. Er heißt so nach einem früheren jüdischen Besitzer der umliegenden Wiesen. Während sich der nordwestliche, der Potsdamer Innenstadt zugewandte Zipfel des Hermannswerders zu einem Bootshafen und Seglerparadies entwickelt hat, bildet der größere, südwestliche Teil eine Welt für sich. Es gibt eine Bushaltestelle, einen Briefkasten und ein Café, eine Kirche, einen kleinen Laden, viele Bäume und sorgfältig sanierte Kaiserzeitbauten aus rotem Backstein. Dass es hier nicht nur idyllisch ist, dafür sorgen die Menschen, die auf der Halbinsel wohnen und arbeiten.

Alte Ziegelmauern und ein großes neogotisches Backsteintor trennen Hermannswerder vom Festland. Gleich hinter dem einladend offen stehenden Tor macht ein verglaster Bürobau alle Tagträume von einem arkadischen Eiland zunichte. Hier beginnt das Areal des Biotech Campus Potsdam. Über ein Dutzend Spezialfirmen aus dem Pharma-, Medizin- und Biowertstoffsektor haben sich seit Ende der 1990er-Jahre auf dem Südwestzipfel von Hermannswerder niedergelassen. Hier befand sich bis 1991 ein Militärlazarett der Sowjetarmee. Nach dem Abzug der Soldaten sollten Asylbewerber einziehen, gut abgeschottet gegen den Rest der Stadt. Die brandenburgische Landesregierung verhinderte das, sie unterstützte die Gründung eines Biotechnologieparks in den ziegelroten Altbauten.

Nicht nur Genpflanzen- und Medikamentenforscher und die Mitarbeiter einer Blutegelzucht für die Humantherapie schätzen die Abgeschiedenheit der Halbinsel. In einer alten Backsteinkapelle hat sich ein Bildhauer mit seinem Atelier eingenistet. Wir schlendern an Datschen und Lauben vorbei, teils herausgeputzt, teils von kreativem Chaos überwuchert. Im Herzen der Halbinsel steigt schwatzend eine Gruppe von Schülern aus dem öffentlichen Bus. Ab hier sind die Fußgänger in der Überzahl.

In dem parkartigen Gelände stehen vielleicht 20 historische Backsteinbauten von unterschiedlicher Größe – mehrstöckige Wohntrakte, Schulbauten, Wirtschaftsgebäude mit hohem Schornstein, ein Wasserturm. Das geistige Zentrum bildet eine Kirche, die viel zu groß wirkt für eine so überschaubare Inselwelt. Durch die Türen dringen Orgelklänge. In drei Tagen, so entneh-

men wir einem Plakat am Eingang, steht ein Konzert auf dem Programm.

Die Häuser mit ihren Türmchen, Erkern und Gesimsen in Backstein bilden ein geschlossenes Baudenkmal. Errichtet wurde es von einer privaten Stiftung, die bis heute auf der Insel die Regie führt. Sie geht auf den 1819 geborenen Teppichfabrikanten Hermann August Hoffbauer zurück, der seit 1870 in Potsdam lebte. Er hatte eine ausgeprägte soziale Ader und feste religiöse Überzeugungen, deshalb sollte sein Vermögen dem Allgemeinwohl zugutekommen. Der Legende nach gab eine Orientreise des wohlhabenden, kinderlosen Paares Hoffbauer den Ausschlag, auf der der schwer erkrankte Industrielle von Kaiserswerther Diakonissen gesund gepflegt wurde. Als er 1884 starb, setzte seine resolute Frau Clara das Vermächtnis in die Tat um,

Die Halbinsel Hermannswerder aus der Luft. Sie ragt in den Templiner See hinein und ist Teil der Templiner Vorstadt. Das hier zu sehende südöstliche Gebiet der Insel gehört zur evangelischen Hoffbauer-Stiftung, die sich für soziale Belange einsetzt.

Die 1911 eingeweihte Kirche auf dem Hermannswerder besitzt eine Schuke-Orgel und wird gerne vom Inselchor und einem Kammermusikensemble für Konzerte genutzt.

erwarb das 40 Hektar große Gebiet auf der Insel Tornow – die in „Hermannswerder“ umbenannt wurde – und schuf hier ein Zentrum evangelischer Sozialfürsorge und Bildungsarbeit.

Den Anfang machten ein Waisenhaus und ein Diakonissen-Mutterhaus, dann kamen eine Schule, ein Krankenhaus, weitere Waisenhäuser hinzu. Vor dem Ersten Weltkrieg wurden bereits 400 Mädchen in protestantischem Geist unterrichtet, gut zehn Jahre später waren es 2000 Kinder – das erklärt die erstaunliche Größe der Kirche auf der Insel. In dem 1909 eingeweihten Schulgebäude, das im besten kaiserzeitlichen Historismus wie eine Kreuzung aus mittelalterlicher Burg, Rathaus und Kaserne aussieht, lernen heute die Schüler eines evangelischen Internats – des Einzigen in Brandenburg. Vor zwei anderen Backsteinbauten stehen rauchend junge Erwachsene beisammen. Hier führen einc Fachschule für Soziales und eine Altenpflegeschule die Tradition der Stiftung fort.

In der Nazizeit war die Insel Schauplatz eines heftigen Machtkampfes zwischen Anhängern der Bekennen-

den Kirche, die den Nationalsozialismus ablehnten, und kooperationswilligen „Deutschen Christen". 1938 übernahm der Staat die Kontrolle über die Stiftung, das Standbild Luthers verschwand aus dem Eingang der Schule, die Diakonissen wurden vertrieben. Wenigstens teilweise konnte in der DDR-Zeit die christliche Ausrichtung wieder aufgenommen werden. Wer hier zur Schule ging, erhielt eine Vorbereitung auf das Theologiestudium, hatte aber in der üblichen DDR-Arbeitswelt wenig Chancen. Eine Geriatrie-Diakonie mit Altenpflege-Fachschule wurde gegründet, Wohn- und Werkstätten für geistig und körperlich behinderte Erwachsene kamen hinzu.
Hinter den großen Fenstern der neu errichteten Werkstatt-Trakte der Diakonie werkeln Beschäftigte mit Metall und Ton, während Frauen in grünen Gärtnerhosen auf dem Freigelände Unkraut jäten und Rasen mähen. Die Jugendeinrichtung „OASE" kümmert sich um Schulverweigerer, ein Altenpflegeheim nimmt Gebrechliche auf. Sozialarbeit braucht Geld, deshalb hat die Hoffbauer-Stiftung einige Gebäude verpachtet und ein Inselhotel gebaut. Vor dem modernen Flachbau des Restaurant-Cafés nehmen zwei Anzugträger mit Handys und Klemmmappen die Teilnehmer einer Tagung in Empfang. Die Hoffbauer-Stiftung profitiert von der zahlenden Kundschaft. Sie sieht sich bis heute dem Anspruch des Gründerpaares verpflichtet, das Eiland zu einer Insel der Wohltätigkeit zu machen. Eine Insel der Seligen ist sie aber nicht. Wer hier strandet, hat oft schon einiges im Leben hinter sich.

Gärten

Wenn wir jahrzehntelang die gleiche schlichte Landschaft zwischen flachen Waldhügeln, Obstfeldern, Gärten und flußverbundenen Seen bewohnen, werden uns fort und fort ebenso einmalige Naturerlebnisse geschenkt wie in großartigen, oft wieder besuchten Meeres- und Hochgebirgslandschaften.

Karl Foerster, Ferien vom Ach (1962)

Hinter den Glastüren der Weinbergterrassen von Schloss Sanssouci reifen Trauben und Feigen.

Rebhänge in Rekonstruktion

Die Weinberge um Sanssouci

Weintrauben sind in Sanssouci allgegenwärtig: Goldglänzend reifen sie als verspielt-eleganter Rokokozierrat an den Wänden des Sommerschlosses, türmen sich auf den Früchtebouquets im Voltairezimmer. Im ovalen Speisesaal tritt man sie, in farbigem Marmor eingelegt, mit Füßen. Die steinernen Bacchanten draußen an der Schlossfassade bedecken ihre Blöße mit Weinranken. Auch in den Römischen Bädern bei Charlottenhof wird auf einem Wandbild Wein gekeltert, während echte Trauben draußen an den Pergolen heranreifen. Noch sind sie grasgrün und winzig, doch der ungewöhnlich warme Sommer verspricht süße Ernte. Wer wohl die Trauben essen darf?

Folgende Doppelseite: Blick vom Pfingstberg nach Süden. Im Vordergrund rechts sind zahlreiche Weinstöcke zu erkennen. Am äußersten linken Bildrand die Garnisonkirche, rechts davon wohl die Kuppel des Großen Militärwaisenhauses in Form eines Rundtempels (Monopteros). Im Mittel- und Hintergrund zählt man insgesamt neun Windmühlen. Deckfarbenzeichnung von Florian Großpietsch, 1819.

Drei Weinberge gehören zum Parkrevier: Am bekanntesten ist die Terrassenanlage, über der sich Schloss Sanssouci erhebt. Sie ist in bestem Zustand, und ihre renovierten Glastüren schützen Feigen und Weinstöcke vor widrigen Wetterbedingungen. Vor dem östlichen Parkeingang am Obelisken jedoch liegt ein weiterer ehemals prächtiger Weinberg, der – lange Zeit dem Verfall preisgegeben – erst langsam wieder Gestalt gewinnt. Auf der Straße davor brausen die Touristenbusse zum Sanssouci-Parkplatz, vorbei am reich mit Terrakottareliefs verzierten Triumphtor von Friedrich August Stüler, mit dem König Friedrich Wilhelm IV. den friderizianischen Winzerberg 1851 schmückte. Das malerische Winzerhaus von Ludwig Persius wird von einem ehemaligen Mitarbeiter der Schlösserstiftung bewohnt. Aber die ruinösen Rebterrassen sind noch immer Baustelle, mitten am Tag schnürt ein Fuchs vorbei. „Jahrzehntelang hat niemand an die Rettung des Winzerbergs geglaubt", erklärt Hartmut Gölitz, Steuerberater und Schatzmeister des Bauvereins, der die Terrassen sanieren möchte. Um auf das verfallene Terrain aufmerksam zu machen, ließ der ideenreiche Verein zunächst einen Schriftzug aus übermannshohen weißen Lettern auf der oberen Terrasse aufstellen: „OHNE SORGE". Eine Anspielung nicht nur auf Sanssouci, sondern auch darauf, dass niemand für diesen Weinberg sorgte!

Eine Sanierung galt anfangs als aussichtsloses Unterfangen, denn laut Plänen aus dem 19. Jahrhundert reichten die Fundamente nur einen Meter tief, außerdem hatte ein Bunkerbauprojekt aus der Nazizeit die Standfestigkeit unterminiert. Dann jedoch grub ein Student für seine Diplomarbeit nach und entdeckte, dass die Fundamente aus der Zeit Friedrichs des Großen viel massiver sind als angenommen. Die eingestürzten Mauern und Pergolen bekamen eine zweite Chance. In ehrenamtlichen Einsätzen räumten die 150 Mitglieder des Vereins den Müll von Jahrzehnten weg und begannen, unterstützt von Maurerlehrlingen und anderen Fachleuten, die historischen Terrassenmauern zu sanieren. Der Treppenaufgang mit dem monumentalen Reliefkopf des Weingottes Bacchus ist schon gesichert. Einst reiften die Weinstöcke hier, wie in Sanssouci, hinter Fenstertüren geschützt. 2800 Fensterpaten haben sich bereits gefunden, um dies Stück für Stück auch künftig wieder zu ermöglichen. Im Mai 2012 konnten die ersten hundert Weinstöcke gepflanzt werden. Sie sind gut angewachsen, wie ein Biowinzer von der Mosel bei einem Freundschaftsbesuch bestätigte. Hartmut Gölitz wünscht sich, dass der Berg irgendwann allen Potsdamern offensteht. Er kann sich neben Weinstöcken auch einen Schulgarten auf den Terrassen vorstellen.

Etwas unaufgeräumt wirkt auch der große Weinberg auf der anderen Seite von Schloss Sanssouci unterhalb des zartgelben Belvederes auf dem Klausberg. Kein Obstgärtner oder Weinbauer weit und breit. Ein paar Dutzend zierliche junge Obstbäume strecken ihre Äste in den Himmel über Sanssouci und treiben ihre Wurzeln in die terrassierte Erde – Vorboten besserer Zeiten. Lächelnd thront hoch oben über dem ehemaligen Weinberg das filigrane Belvedere. Von hier konnte schon Friedrich der Große den Blick über die Landschaft genießen. Seit 2002 ist das restaurierte Belvedere am Wochenende auch innen wieder zugänglich. Wie erschreckend verfallen es zuvor war, dokumentieren dort alte Fotos.

Das Belvedere auf dem Klausberg ließ Friedrich II. als letztes großes Verschönerungsprojekt von Sanssouci erbauen. Seinen Namen Belvedere (italienisch „Schöne Aussicht") trägt es zu Recht.

In jüngster Zeit bemüht sich die Schlösserverwaltung, neben den historischen Bauwerken auch die Nutzgärten des königlichen Gartenreviers wieder instand zu setzen. So sind vor den Neuen Kammern, dem einstigen Gästehaus neben Schloss Sanssouci, vier „Kirschquartiere" mit 140 Süß- und Sauerkirschbäumen, darunter Schattenmorellen, Spanische Knorpel- und Werdersche Herzkirschen, gepflanzt worden. Auf dem Weinberg am Klausberg haben im Jahr 2006 Behinderte der Berliner Mosaik-Werkstätten die Pflege der Reben und Apfelbäumchen historischer Sorten übernommen. Wenn die Sanierung abgeschlossen ist, sollen hier 4000 Rebstöcke wachsen. Eine Ausstellung im ehemaligen Heizhaus informiert über die Geschichte der Anlage. Im Jahr 2019 steht der 250. Geburtstag des Weinbergs auf dem Klausberg an. Darauf ein Glas!

2,5 Hektar umfasst der Weinberg, der 1769 von dem Grenadier Werle für Friedrich II. angelegt worden ist. Mehr als 200 Jahre lang reiften hier neben Trauben auch Pfirsiche, Kirschen und anderes Obst. Friedrich II. förderte den Rebanbau vor allem für die königliche Tafel, nicht für die Kelter. Als Tischwein bevorzugte er Champagner und französische Tropfen, ließ sich aber auch Rhein- und Ungarweine, spanischen „Tinto" und sogar den damals gerühmten „Constantia" aus Südafrika schicken. Seit 2004 lagern im restaurierten alten Weinkeller des Schlosses wieder einige edle Weine.

In der Ära Friedrichs blühte der Obstbau in Sanssouci auf. Mit saftigen Prämien animierte der König seine Gärtner, trotz der nicht von der Sonne verwöhnten Breitenlage ihm bereits so früh wie möglich im Jahr süße Kirschen, Birnen, Pflaumen, Aprikosen und Trauben zu liefern und die Vegetationsperiode so lange wie möglich in den Herbst hinein auszudehnen. Selbst Ananas, Melonen und andere südländische Früchte wurden aufwendig in speziell konstruierten Treibhäusern gezogen. Bis in die Kaiserzeit lebte diese Tradition in Potsdam fort. Auf den Terrassen am Klausberg investierte Kaiser Wilhelm II. um 1900 noch einmal kräftig in modernste Obstzuchttechnologien: Es entstanden zwei große Gewächshausanlagen, die mit Dampf- und Warmwasserheizungen von zwei Kesselhäusern aus beheizt wurden, die Unmengen von Koks und Kohle verschlangen.

Das 1772 fertiggestellte Drachenhaus im Pagodenstil diente ursprünglich als Gärtnerwohnung, heute als Lokal. Im Vordergrund die „Lepèreschen Mauern“ zur Anzucht von Spalierobst.

Ganz am östlichen Ende der Anlage finden wir ein gepflegtes Obstbaurevier: Drei weiß getünchte Mauergevierte stehen dort – wie Zimmer ohne Dach. Der französische Obstgärtner Alexis Lepère d. J. erhielt 1862 die Genehmigung, dieses von ihm erprobte System hier zu errichten. Im windgeschützten, sonnengewärmten Inneren der 1999 rekonstruierten „Lepèreschen Mauern“ ranken sich an Holzgerüsten zierliche Rebstöcke historischer Sorten wie Black Hamburg oder Agostenga empor, auch Spalierobst wird hier gezogen wie einst.

Der schöne alte Maschendrahtzaun aus der Kaiserzeit ist vom Rankendickicht befreit. Nur das alte Winzerhaus, das Friedrich der Große für den Weinbauern errichten ließ, wird keine Gärtnerfamilie mehr beherbergen: Das Drachenhaus dient seit 1934 ausschließlich als Gaststätte. Unter den wachsamen Blicken kleiner grüner Drachen, die auf allen Ecken des pagodenartigen Daches hocken, serviert man Torten und warme Speisen. Die ungewöhnlich reichhaltige Weinkarte umfasst auch hiesige Tropfen, etwa einen erfrischenden trockenen Müller-Thurgau vom Werderaner Wachtelberg des Winzers Manfred Lindicke. Auch er knüpft – nur wenige Kilometer von Sanssouci entfernt – an die historische Weinbautradition der Region wieder an. Als nördlichste Reblage für Qualitätswein ist sein Weinberg bei der EU registriert. Was heute kaum noch jemand weiß: Bis zur Zeit Friedrichs II. war der Weinbau eine der Haupteinnahmequellen der Landbevölkerung. Allerdings spotteten Weinkenner schon im 16. Jahrhundert über den sauren Tropfen: „Märkischer Wein geht durch die Kehle wie eine Säge."

Gärtnerarbeit und Größenwahn
Vom Orangerieschloss nach Bornstedt

Nach den Eisheiligen, wenn keine Nachtfröste mehr zu befürchten sind, dürfen die Kübelpflanzen aus der Orangerie von Sanssouci ihr Winterquartier verlassen. Riesige Fenster werden ausgehängt, damit die Palmen bequem mit dem Gabelstapler aus den langen Hallen gefahren werden können. Manche wiegen drei Tonnen und sind 140 Jahre alt. Tausend Kübelpflanzen pflegt der Chefgärtner der Orangerie mit zwei Gehilfen rund ums Jahr. Um sie innerhalb von drei Wochen im Park auszusetzen, müssen Hilfskräfte mit anpacken. Anfang Juni muss eine der Orangeriehallen geräumt sein, um sie für Konzerte und Theatervorstellungen nutzen zu können.

Die älteste Pflanze aus der Orangerie ist eine Myrte, über 240 Jahre alt. In ihrer zarten Jugend schlurfte der Alte Fritz am Stock durch den Park. Schon die alten Griechen und Römer schmückten ihre Bräute zur

Das Orangerieschloss von Sanssouci entstand 1851–64 nach Ideen Friedrich Wilhelms IV. Das imposante, nach dem Vorbild italienischer Renaissancevillen errichtete Bauwerk dokumentiert anschaulich die Italiensehnsucht des Königs.

Hochzeit mit Myrtenkränzen, sie ist ein Symbol der Jungfräulichkeit, Reinheit und zugleich der Fruchtbarkeit. Vor der Orangerie laden Gärtnerinnen in knallroten Blusen Plastikkisten voller Blumen für die Rabatten von einem Autoanhänger. Ruck, zuck verschwinden die Wurzelballen in der lockeren Erde. Allein für die Wechselbepflanzung im Park Sanssouci werden jedes Jahr etwa 230 000 Pflanzen in 420 Arten und Sorten benötigt. Sie stammen aus der eigenen Gärtnerei, wo die ausgesuchten Pflanzen termingerecht angezogen werden. Gut einhundert Gärtner beschäftigt die Schlösserstiftung, eher zu wenige angesichts des Pflanzenreichtums und der Üppigkeit in den preußischen Gärten.

Die Fassade der Orangerie ist zum Teil durch Gerüste verdeckt, polnische Bauhandwerker schließen dort

Löcher im Putz. Die Parkbänke für Müßiggänger fehlen noch auf der Terrasse, sie werden erst herausgestellt, wenn alles für den Sommer herausgeputzt ist. Inmitten der allgemeinen Geschäftigkeit steht reglos ein königlicher Spaziergänger auf weißem Sockel. Ein Spazierstock ist sein Zepter. Friedrich Wilhelm IV., der „Romantiker auf dem Thron", hat das Orangerieschloss in der Mitte des 19. Jahrhunderts bauen lassen. „Mit Türmen, endlosen Fronten, hallenden Höfen, hohen Gewölben, mit weit hinausgeschobenen Terrassen, mit murmelnden Brunnen und römischen Sarkophagen. Eine kolossale Zwecklosigkeit; so traumverloren schön, so berückend, so dämonisch in seiner Verlassenheit, wie nur das ganz Zwecklose und Widersinnige sein kann", schrieb 1911 der Flaneur Victor Auburtin in einer Hommage an den König, der täglich neue Architekturprojekte zu Papier brachte. Die Vollendung des Orangerieschlosses hat er nicht mehr erlebt. Es war sein Neuschwanstein, eine gigantische Architekturfantasie, die sich nebenbei als Aufbewahrungshalle für Pflanzen eignete. Zu besichtigen sind der Raffaelsaal, in dem 50 Kopien von Werken des großen Malers ausgestellt sind, und die kaum jemals bewohnten Gästeappartements des Königs. Das alles rechtfertigte den wahnwitzigen baulichen Aufwand kaum, ist nur aus der königlichen Vision heraus zu begreifen, die Potsdamer Landschaft weiträumig zu einem geträumten Italien umzugestalten.

Eine enge eiserne Wendeltreppe führt auf die beiden Türme, zwischen denen eine breite Aussichtsterrasse in luftiger Höhe ausgespannt ist. Oben langweilt sich ein einsamer Aufseher. Der Blick geht über die Kronen der Sanssoucibäume wie über ein grünes Meer, die

Der König als Spaziergänger: Denkmal Friedrich Wilhelms IV., des „Romantikers auf dem Thron", vor dem Orangerieschloss.

grüne Kuppel des Neuen Palais lugt wie der Ausguck eines U-Bootes hervor. Linker Hand sieht man die Potsdamer Kirchturmspitzen und die Flügel der Windmühle bei Schloss Sanssouci – und leider auch die Wohnhochhäuser aus DDR-Zeiten. Sonst hätte man die Illusion, in einer nur dünn besiedelten Gegend zu sein, mit waldigen Hügeln bis an den Horizont.

An der Rückseite der Orangerie steigt ein schlanker Campanile aus den Baumkronen empor, dort liegt das Dorf Bornstedt. Der Ort selbst bleibt dem Blick vom Aussichtspunkt bis auf eine malerisch ins Grüne gebettete Gebäudegruppe im italienischen Landhaus- und Villenstil verborgen. Genau so hatten sich das Friedrich Wilhelm IV. und sein Landschaftsplaner Peter Joseph Lenné in der Mitte des 19. Jahrhunderts vorgestellt, als der Bornstedter Kirchturm und das Krongut gebaut wurden.

„Wer hätte nicht an sich selbst erfahren, wie frei man aufatmet, wenn man aus der kunstgezogenen Linie auch des frischesten und natürlichsten Parks endlich über Graben und Birkenbrücke hinweg in die weit gespannte Wiesenlandschaft eintritt, die ihn umschließt! Mit diesem Reiz des Einfachen und Natürlichen berührt uns auch Bornstedt. Wie in einem grünen Korbe liegt es da“, schreibt Theodor Fontane. Das Krongut diente früher der Landwirtschaft. Ab 1867 war es Wohnsitz des Kronprinzen und späteren 99-Tage-Kaisers Friedrich III. Vor wenigen Jahren sind Herrenhaus, Stallungen, Springbrunnen und Parkanlagen akkurat wiederhergestellt worden, als stilvolle Umgebung für die Versorgung der Sanssouci-Touristen mit hausgebrautem Bier, Kaffee, Wein und brandenburgischen Handwerksartikeln. An der schmalen, wenig

befahrenen Dorfstraße schräg gegenüber stehen der hübsche Campanile und ein gemauerter Säulengang, das Entrée zur Dorfkirche und dem alten Friedhof. Vor allem seinetwegen lohnt sich der kurze Spazierweg von der Orangerie hinab nach Bornstedt. Um die Kirche winden sich zwischen Farnen und Grabsteinen schmale Wege unter knorrigen alten Bäumen. Ins Singen der Vögel mischt sich das sonore Quaken der Frösche vom Bornstedter See. Überall in Potsdam hat der Mensch die Vegetation gezähmt und veredelt, die Natur nach seinem Geschmack arrangiert, doch auf dem wildwüchsigen Friedhof scheint diese Kraft erlahmt zu sein. In Bornstedt liegen die berühmten Hofgärtner von Sanssouci unter schlichten Feldsteinen oder Kreuzen begraben. Seit dem 18. Jahrhundert wurden die Finessen der Gartenkunst in den Familien Fintelmann,

Nach einem Brand wurde das Krongut Bornstedt 1846 bis 1848 im italienischen Landhausstil wieder aufgebaut. In den DDR-Jahren stark heruntergewirtschaftet, ist es bis 2002 saniert worden und mit Handwerksläden, Brauhaus, Fischräucherei, Café und Zinnfigurenmuseum eine florierende Touristenattraktion geworden.

Die Gräber des Architekten Ludwig Persius (links) und des Landschaftsplaners Peter Joseph Lenné (rechts) auf dem Friedhof der Hofgärtnerdynastie Sello in Bornstedt. „Was in Sanssouci stirbt, das wird in Bornstedt begraben", schrieb Theodor Fontane.

Sello oder Nietner von Generation zu Generation weitergegeben. Neben der Hohenzollernfamilie waren es diese Gärtnerdynastien, die der Potsdamer Landschaft ihren Stempel aufdrückten. Die Familie Sello – sie geht bis auf den Hofküchengärtner des Alten Fritz zurück – besitzt auf dem Bornstedter Friedhof ein eingefriedetes Gräberfeld. Auf diesem Privatfriedhof fand auch Peter Joseph Lenné, der einflussreichste Landschaftsgestalter der Potsdamer Gegend, seine letzte Ruhe, obwohl er gar nicht zur Familie gehörte. Wegen seiner rheinisch-katholischen Herkunft war auf dem protestantischen Gemeindefriedhof für ihn kein Platz, dank der Sello'schen Großzügigkeit konnte er dennoch in der Nähe von Sanssouci bestattet werden.

„Was in Sanssouci stirbt, das wird in Bornstedt begraben", lautet ein geflügeltes Wort von Fontane. Auch der Architekt Ludwig Persius, der die Friedenskirche und einige der charakteristischen Hofgärtnerhäuser in Sanssouci entworfen hat, liegt auf dem Sello'schen Friedhof. An der Kolonnade neben der Kirche hängt eine recht neue Tafel zum Gedächtnis an Henri Alexandre de Catt, den Vorleser und Privatsekretär Friedrichs des Großen. Die Gräber seines Gartendirektors Heinrich Ludwig Manger und von hohen Militärs und Leibärzten der preußischen Könige sind mithilfe der aushängenden Lagepläne zu finden. Steht die Kirche offen, kann man darin eines der wunderlichsten preußischen Grabmäler bestaunen. 1731 ließ der Soldatenkönig seinen Hofgeschichtsschreiber Jakob Paul von Gundling hier zu Grabe tragen. Gundling war Präsident der Akademie der Wissenschaften, Kammerherr und zugleich Hofnarr des Königs. Bunt kostümiert wie ein Pfau musste er vor dem Tabakskollegium, der geselligen Herrenrunde des Monarchen, erscheinen, dort aus den Zeitungen vorlesen, als wandelndes Universallexikon alle möglichen Fragen beantworten und viele sadistische Späße über sich ergehen lassen. Unter dem Gelächter der königlichen Beamten und Militärs wurde Gundling gezwungen, ein Äffchen als leiblichen Sohn anzuerkennen oder sich mit anderen Gelehrten zu prügeln. Der Spott seines Herrn verfolgte Gundling über den Tod hinaus. „Hier liegt in seiner Haut, / Halb Schwein, halb Mensch, ein Wunderding, / In seiner Jugend klug, in seinem Alter toll, / des Morgens voller Witz, des Abends toll und voll", war auf seinem Sarg, einem großen Weinfass, zu lesen. Das Epitaph in der Bornstedter Kirche rühmt Gundlings Gelehrsamkeit, Redlichkeit und Umgänglichkeit; aber sein Wappen mit den Pfauenfedern wird von Minerva und einem Hasen gehalten, was so viel heißt wie: Gundling war ein kluger Mann, aber eitel und feige.

Näheres über die Geschichte des Hofgärtner-Berufsstandes erzählt ein kleines feines Museum im Schloss Glienicke, das zwar nicht mehr zu Potsdam gehört, sondern zu Berlin, wohl aber ein Teil der Potsdamer

Kulturlandschaft ist. Peter Joseph Lenné hat den Glienicker Park für den Prinzen Carl, einen Bruder Friedrich Wilhelms IV. und des späteren Kaisers Wilhelm I., gestaltet – mit Blumenrabatten und einem weitläufigen Pleasureground nach dem Vorbild der englischen Landschaftsgärten, eingebettet in die natürliche Havellandschaft. Das passende Schloss, eigentlich nur ein umgebautes Gutshaus, fügte Schinkel hinzu. Unweit davon thront das Wohnhaus des Hofgärtners wie eine malerische italienische Villa über dem Ufer der Havel. Inmitten der Parks zu wohnen ist ein Privileg, das die Gärtner der Stiftung Preußische Schlösser und Gärten bis heute genießen, sogar in Sanssouci. Hofgärtner erfreuten sich eben einer besonderen Wertschätzung. Aber sie mussten auch Tag und Nacht bei der Hand sein, um die kostbaren Pflanzen zu hegen oder die königliche Tafel mit einem Blumenbouquet zu schmücken. Ihre Aufgaben erforderten vielerlei Fähigkeiten: Vermessen und Kartenzeichnen, Botanik und Bodenkunde, Blumenmalerei, Baukonstruktion und künstlerische Formenlehre. Das alles wurde in der 1823 auf Anregung Lennés gegründeten Gärtnerlehranstalt vermittelt, die auch international Ruhm erlangte. Sie hatte ihren Sitz bis 1903 zwischen Neuem Palais und dem heutigen Bahnhof Park Sanssouci, dann wurde sie nach Berlin-Dahlem verlegt. Einer ihrer berühmtesten Absolventen war Karl Foerster, der 1910 auf einem ehemaligen Kartoffelacker in Bornim, fußläufig vom Bornstedter Friedhof, seine eigene Staudengärtnerei eröffnete – mehr davon im Kapitel über die Potsdamer Moderne.

Mohnblüte auf der Lennéschen Feldflur um Bornim. Die malerischen Landschaftsbilder sind das Resultat raffinierter Landschaftsgestaltung im 19. Jahrhundert.

Bäuerliches Arkadien

Die Lennésche Feldflur um Bornim

Unmöglich, beim Anblick roter Mohn- und gelber Kornfelder unter blassblauem Himmel nicht an Gemälde impressionistischer Maler zu denken. Das Landschaftsbild, das im Norden Potsdams auftaucht, muss nicht erst gemalt werden, um ein Kunstwerk zu sein. Es ist sogar älter als die impressionistische Landschaftsmalerei. Die dicken Eichen links und rechts des staubigen Weges sind vor gut 150 Jahren gepflanzt worden. Aus der Allee schweift der Blick auf der einen Seite über Kornfelder, auf der anderen Seite stehen zwei- oder dreihundert Rinder auf einer sonnenverbrannten Weide. Einige dösen am Rand im Schatten der Alleebäume. Kälbchen schmiegen sich an ihre Muttertiere, ein schöner brauner Stier nimmt die Witterung des Spaziergängers auf und senkt die Hörner. Beruhigend, dass ein Elektrodraht den Betrachter von dem malerischen Bildmotiv trennt.

„Es genügt uns nicht, in der Natur einen und den andern Gegenstand von gefälliger Art und Ausschmückung zu erblicken. Wir begehren, daß sich alles Sichtbare zu angenehmen Scenen zusammenfüge, und das nicht blos auf einem oder dem andern Standpunkte, sondern in fortschreitender Entwickelung und immer neuen, bald vorbereiteten und dann wieder überraschenden Bildern, bald in gefälliger Beschränkung, dann wieder in weithinreichender Ausbreitung", heißt es 1826 in einer Abhandlung *Über Trift- und Feldpflanzungen*, an der Peter Joseph Lenné mitgearbeitet hat. 16 Jahre später erhielt der Gartendirektor den königlichen Auftrag, auch außerhalb der Schlossparks tätig zu werden und die landwirtschaftlich genutzten Bereiche der Insel Potsdam umfassend zu verschönern. Ausgehend von den natürlichen Erhebungen und Senken, der Lage der Wasserläufe und menschlichen Siedlungen gliederte Lenné die Landschaft neu. „Wie der Bildhauer aus seinem Marmorblock lebendige Gestalten hervorruft, so bringt der Landschaftsgärtner Leben und Bewegung in Bäume und Gesträuche durch den Wechsel der Formen, in ihrer Zusammenstellung zu Licht- und Dunkel-Gruppen, zu Massen, Hainen und Waldstücken; in ihren Umrissen auf den Ebenen und gegen den Horizont; in ihren Anreihungen, Abstufungen und Kontrasten. Gleich dem Maler arbeitet er mit Farben und Lichtern. Aber es sind die ewig wechselnden Farben und Lichter, welche das wandelnde Jahr und die immer fortschreitenden Jahreszeiten über seine Gestalten und Umrisse mit immer neuen Reizen verbreiten."

An diesem Sommertag wirbeln die Kühe Staubwolken von der trockengelben Weide auf. Die nach Lennés Plänen gepflanzten Alleen rahmen sie ein, bieten Windschutz und den Jungtieren etwas Schatten. Das

Nützliche und das Schöne sollten sich auf der Feldflur harmonisch zu einem arkadischen Landschaftsbild verbinden. Die Viehwirtschaft und die arbeitenden Bauern auf den Feldern gehörten selbstverständlich dazu. Die Masse der Kühe auf der Weide, ihr Muhen und ihr Geruch strahlen eine archaische Lebenskraft aus. Im antikenverliebten Potsdam kommen einem die heiligen Herden in den Sinn, die dem griechischen Sonnengott Helios geweiht waren.

Ganz perfekt ist das Landschaftsbild nicht. Den gelben Backsteinturm im Hintergrund verunziert ein aufgesetzter Mobilfunkmast. Dabei gilt der sogenannte Persiusturm als Potsdamer Landmarke, weithin sichtbar wie das Belvedere auf dem Pfingstberg oder der Ruinenberg bei Sanssouci. Zu Füßen des Turms muss man sich ein italienisches Landhaus herbeiträumen, den Hofgärtnerhäusern ähnlich, wie wir sie aus dem Park Sanssouci kennen. Der Turm war Teil des Gutshofes, den Friedrich Wilhelm IV. 1844/45 in der von Lenné ausgeschmückten Bornimer Feldflur errichten ließ. Auch dabei stand die Idee im Vordergrund, das Zweckmäßige mit dem Schönen in Einklang zu bringen. Das Mustergut diente seit 1927 als agrarwirtschaftliche Forschungseinrichtung, nach dem Ende des Zweiten Weltkrieges wurde es von der Roten Armee besetzt und brannte ab. Ein volkseigenes Institut für Landtechnik nahm ab 1952 in neuen Gebäuden die Arbeit auf, nur der Persiusturm blieb stehen. Heute forscht hier das Leibniz-Institut für Agrartechnik nach umweltverträglichen und tiergerechten Verfahren in der Landwirtschaft, beschäftigt sich mit Lebensmittelsicherheit und schnell nachwachsenden Rohstoffen.

In den DDR-Jahren wurde die von Lenné angelegte Feldflur weitgehend zerstört. Ihre Kleinteiligkeit war der kollektivistischen und motorisierten Landwirtschaft im Wege. Die alten Baumalleen und Hecken wurden abgeräumt oder verwilderten. Zur Bundesgartenschau 2001 ging die Stadt Potsdam daran, Lennés Landschaftskunstwerk wiederherzustellen. Allein um den Persiusturm wurden 25 Gebäude abgerissen und der alte Gutsgarten mit Hunderten Obstbäumen neu angelegt. 19 Kilometer Wege zum Spazierengehen und Fahrradfahren wurden in der Feldflur angelegt. 240 Bäume waren an der Lindenallee zu ersetzen, die vom Persiusturm in einem weit ausschwingenden Viertelkreis zum Karl-Foerster-Garten in Bornim führt und als eine der schönsten Schöpfungen Lennés gilt. Eine frisch gepflanzte Maulbeerallee zweigt davon ab. Einige zur Bundesgartenschau aufgestellte Informationstafeln erleichtern die Orientierung; am Birnenweg ist damals ein erhöhter Aussichtspunkt neu angelegt worden, der von der Stadtkante einen Panoramablick in die Feldflur ermöglicht.

Nicht nur Spaziergängern vermittelt die durch Hecken und Alleen gegliederte Landschaft ein Gefühl von Geborgenheit. Zwei zarte Gestalten stehen regungslos mitten auf einem Acker, wir schauen genauer hin: Es sind zwei Weißstörche, so stattlich und seelenruhig, als wären sie gemalt.

Paradiesgarten und Pflanzenarche

Botanischer Garten

Das Gewächshaus im Botanischen Garten von Sanssouci. Er dient den Studenten der Universität Potsdam auch zu praktischen Forschungen.

Im ersten Augenblick nimmt einem das feuchtwarme Dschungelklima fast den Atem. Ermattet sinkt man in einen der Rattanstühle, die auf der kleinen, lauschigen Aussichtsplattform im Victoria-Gewächshaus des Botanischen Gartens bereitstehen, und lässt den Blick über die Wasserfläche mit den riesigen Seerosen schweifen. Die kreisrunden, fast eineinhalb Meter messenden, dunkelgrünen Blätter sehen mit ihrem hochgebogenen Rand wie gigantische schwimmende Dessertteller aus. Die feine Blattäderung erinnert an Jugendstilornamente. Ihre zarten, vielblättrigen Blüten öffnet die Riesenseerose *Victoria cruziana* nur für zwei Nächte im Jahr Ende Juni. Am ersten Abend schimmern sie elfenbeinweiß, beim zweiten Öffnen am nächsten Abend haben sie sich rosa gefärbt. Beheimatet ist die trotz ihrer Größe so fein und elegant wirkende Pflanze in Paraguay und Argentinien. So wie sie stammen alle Bewohner der zehn Gewächshäuser im Botanischen Garten aus fernen Regionen der Erde. Man kann Kakaofrüchten, Papayas, Vanilleschoten und Papyrusstauden beim Wachsen zusehen und über die Geschwindigkeit des Riesenbambus staunen, sich von zierlichen fleischfressenden Pflänzchen faszinieren lassen oder in der trockenheißen Luft des Sukkulentenhauses von Mexiko oder Afrika träumen. Im Wasserpflanzenhaus blicken uns träge zwei grüne Schildkröten entgegen: Es sind Findelkinder, von Besuchern hier ausgesetzt und heimisch geworden. Meist ist man mit den Exoten allein, abgesehen von Studenten der Uni Potsdam, die mit Wasserschlauch und

Gartenschere für das Wohl ihrer Schützlinge und Studienobjekte sorgen.
Um die Gewächshäuser herum erstrecken sich die Freianlagen des Botanischen Gartens: ein Arboretum mit seltenen und vertrauten Baumarten, eine Nutzpflanzenabteilung, Beete mit geschützten und gefährdeten Pflanzen. Dieser Botanische Garten gaukelt uns bei aller faszinierenden Blütenpracht und Blättervielfalt keine Idylle vor, verspricht keine sorgenfreie Fantasiereise in exotische Pflanzenwelten. Er erzählt auch von der Bedrohung der Artenvielfalt, von biologischen Invasionen, von den Pflanzenenklaven der modernen Großstadt. Einige in Deutschland und Brandenburg stark bedrohte Arten fanden hier einen Rückzugsort, werden kultiviert und erhalten, um sie später wieder auswildern zu können. Gärtner und Biologen haben immer auch die Zukunft im Blick.
Die Keimzelle des 1950 gegründeten Botanischen Gartens im Park von Sanssouci, der westlich des Orangerieschlosses liegt, war ein „Paradiesgarten“ mit südländischen Kulturpflanzen wie Artischocken, Mais und Kürbis, um 1845 von Hofgärtner Hermann Sello für Friedrich Wilhelm IV. angelegt. Von diesem nützlich-idyllischen Paradies ist allein das antikisierende Stibadium als Parkarchitektur inmitten der Anpflanzungen noch erhalten. Hier plätschert eine von Blumenbeeten umkränzte Wassertreppe. Ludwig Persius hatte das kleine Bauwerk für König Friedrich Wilhelm IV. als ein Zimmer im Freien geschaffen: ein schattiger, von hohen Mauern umgebener Ruheplatz mit einem Brunnen im Zentrum, mit steinernen Ruhebänken, romantischen Landschaftswandmalereien, Fußbodenmosaik und prächtigen Glasvasen als Blickfang. Hier

Das Stibadium im Paradiesgarten. Der quadratische Bau liegt malerisch hinter dem Rankenwerk im Vordergrund. Aquarell von Carl Georg Anton Graeb, 1852.

Innen zeigt sich das Stibadium als eine Art säulenumstandenes Atrium mit in der Mitte offenem Dach.

Es diente als Ruheplatz für König Wilhelm IV. Farblithografie von Carl Georg Anton Graeb, um 1860.

Die 1846 von Ludwig Ferdinand Hesse gestaltete Wassertreppe im Paradiesgarten wurde zur Bundesgartenschau 2001 wiederhergestellt.

saß der König gern. Seit 2009 ist das Stibadium denkmalgerecht saniert: ein Kleinod zum Wiederentdecken.

An den Hängen um das Stibadium ziehen sich dichte Rhododendren in üppiger Blüte, karger und zugleich vielgestaltiger entfaltet sich die niedrige Flora des Alpinums. Auf schmalen, steilen Pfaden wandelnd muss man sich hinabbeugen, um die Pflänzchen aus dem fernen Sibirien, der Kaukasusregion oder Südeuropa zwischen Felsbrocken zu betrachten, die an die extremen Lebensbedingungen im Hochgebirge angepasst sind und sich hier wohl tatsächlich wie im Paradies fühlen.

Klug und behutsam wurde der Botanische Garten in jüngster Zeit modernisiert. Neben den streng rechteckigen Beeten der systematischen Abteilung mit ihren nach dem Linnéschen System aufgepflanzten Spezies sind frei schwingende Partien mit Gräservegetationen entstanden, die die unscheinbare Flora von Steppen, Prärien und Wiesenland vor Augen führen. Sogar die typische Flora der modernen Großstadtbrachen findet hier in Form von überwucherten Eisenbahngleisen und Schutthalden ihren Platz – nicht nur das Exotische ist der Aufmerksamkeit des Spaziergängers wert. In einem pollendichten Käfig gedeiht der übermannshohe, vielfach verzweigte Blutweiderich. In Nordamerika ist er bereits derart zur Plage geworden, dass die Botaniker dringenden Forschungsbedarf anmelden und ihn lieber in Quarantäne wuchern lassen. Wie biologische Invasoren im Gefolge reisender Menschen und Güterströme von Kontinent zu Kontinent wandern und harmlose Pflanzen auf fremdem Boden sich zur Gefahr für die florale Artenvielfalt auswachsen können, zeigen Beispiele wie die aus Nordamerika eingeschleppte Robinie, der wir auch auf Potsdamer Terrain allenthalben begegnen. Am Ausgang fordert ein Schuhabstreifgitter uns auf, die Sohlen von anhaftenden Samen zu reinigen. Was abgestreift wird, fällt in ein darunter liegendes Beet und darf sich zu freiem Wildwuchs entfalten: Anschauungsunterricht zur Migration der Pflanzen, die sich unbemerkt an unsere Fersen heften, während wir weitergehen.

Moderne

Wir sind Oststadt, freilich sind wir es, aber wir haben stets die Möglichkeit, auch anders zu sein. Beharren wir nicht zu sehr darauf, nicht zu sein, wie wir geschildert werden, sonst laufen wir Gefahr, genau zu sein, wie wir nicht sein wollen.

Andreas Maier, Sanssouci (2009)

Der Potsdamer Gärtner und Staudenzüchter Karl Foerster entwarf die gärtnerische Struktur der von der Havel umflossenen Freundschaftsinsel.

Gartenoasen der Moderne

Freundschaftsinsel und Karl-Foerster-Garten

„Delphinium" steht auf dem Schildchen. Doch wir befinden uns nicht vor dem Delfinbecken im Zoo, sondern hüfthoch inmitten blühender Blumen auf der Freundschaftsinsel. Träge fließt das Wasser der Havel zu beiden Seiten des lang gestreckten Eilands in der Alten und Neuen Fahrt vorbei. Im Laufe der Jahrhunderte hat Schwemmsand die Insel geschaffen und geformt: Gleicht sie nicht – wenn wir sie auf dem Stadtplan betrachten – fast einem Fisch oder einem Delfin womöglich, der stromlinienförmig durch die Wellen gleitet?

„*Delphinium elatum*-Hybride": Blau in allen Schattierungen umgeben uns die Blüten. Aus der Nähe betrachtet, sehen die Knospen und Blüten tatsächlich wie winzig kleine Delfine aus. Der hierzulande gebräuchliche Name nimmt die nach hinten ragende Schwanzflosse der blauen Blume als angriffslustigen Stachel: Rittersporn. Den „blauen Schatz unserer Gär-

ten" hat der Potsdamer Staudenzüchter Karl Foerster ihn genannt und wohl keiner Blütenstaude im Laufe seines langen Gärtnerlebens mehr Aufmerksamkeit geschenkt.
Bei unserem Juni-Besuch auf der Freundschaftsinsel erleben wir staunend den Ertrag seiner Züchterbemühungen, dicht an dicht stehen sie in allen Nuancen von Wasserhell bis Kobaltblau. Dass Foerster nicht nur die Flora liebte, sondern auch die Sprache, bezeugen die poetischen Namen, die er seinen Schöpfungen gab. Sternennacht, Merlin und Klingsor, Gletscherwasser, Morgentau und Frühschein. Witz blitzt auf: Fernzünder, Azurzwerg und Blondine. Und Klänge in Dur oder Moll: Zauberflöte, Jubelruf, Tempelgong, Kleine Nachtmusik, Abgesang. 30 Sorten hat man 2001 anlässlich der Bundesgartenschau in einer weltweiten Suchaktion aus Staudengärtnereien und Privatgärten hier auf der Freundschaftsinsel wieder zusammengetragen. Ebenso wie 50 Phloxarten, 20 Sonnenbräute, 30 Astern und unzählige Ziergräser, mit denen Foerster die Hobby- und Profigärtner beglückte.
Bevor der 1874 in Berlin geborene Sohn des berühmten Astronomen und „Urania"-Gründers Wilhelm Foerster als Staudenzüchter auf den Plan trat, lautete die Parole in den Villengärten der Kaiserzeit „ex und hopp". Was abgeblüht war, wurde weggeworfen und durch neue Pflanzen ersetzt. Der humanistisch geprägte Foerster dagegen setzte auf eine andere Gartenphilosophie, die er später auch in zahlreichen Büchern publik machte. Seine Liebe galt widerstandsfähigen, winterharten Staudenpflanzen, die jedes Jahr aufs Neue blühen und uns – klug kombiniert – vom Frühjahr bis zum Herbst eine immer wieder sich wandelnde Blütenpracht bescheren.

Der bronzene Gärtnerjunge von Karl-Heinz Schamal begrüßt seit 1963 die Besucher auf der Freundschaftsinsel. Rund 30 Skulpturen begegnen ihnen auf dem Weg durch die Parkanlagen auf der Insel. Im Hintergrund die große Kuppel der Nikolaikirche und davor der Turm des Alten Rathauses.

Blaue Blütenpracht in allen Schattierungen war Karl Foersters Leidenschaft: Rittersporn auf der Freundschaftsinsel.

Der Gärtner, Staudenzüchter, Gartenschriftsteller und Philosoph Karl Foerster (1874–1970) in seinem Haus in Bornim bei Potsdam, um 1960. Die von ihm gegründete Gärtnerei existiert dort noch heute.

Das Blütenparadies auf der Freundschaftsinsel war Foersters Idee. Er wünschte sich 1937 einen Schau- und Sichtungsgarten, um neue Stauden zu erproben und vorzustellen, was gut zu den Plänen des Potsdamer Oberbürgermeisters passte, hier einen Erholungspark anzulegen. Schon zücken wir das Notizbuch, um die Namen unserer Lieblingssorten zu notieren: Das wäre doch etwas für den eigenen Garten! Vielleicht das Sonnenauge *Heliopsis helianthoides* „Goldgefieder" oder die „Schneeriesin", ein hochgewachsenes, weiß blühendes Ehrenpreis. Die Sonnenbraut „Septemberfuchs" würde uns bis in den Frühherbst mit Blüten erfreuen …

Von den Schaubeeten der Foerster-Stauden schlendern wir unter hundertjährigen Winterlinden, Pappeln und Kastanien durch Themengärten mit Blattschmuckstauden, Schattenpflanzen, Prachtstauden, Heideflora und Bodendeckern. Alle sind wie in einem botanischen Garten mit lateinischen Beschriftungen versehen. Durchs Grün schimmern – benetzt vom Sprühregen der Wassersprenger – silbrig elegant zwei riesige, abstrakt sich emporschwingende Stahlblätter, ein Denkmal für Karl Foerster, graviert mit seinen Worten: „Wer Träume verwirklichen will, muß wacher sein und tiefer träumen als andere." Am Ufer der Alten Fahrt lockt eine üppig mit Clematis, Jasmin, Geißblatt und Kletterrose berankte Pergola. Ende der 1930er-Jahre hat der bedeutende Gartenarchitekt Hermann Mattern, mit dem Foerster zusammenarbeitete, sie angelegt.

Zu DDR-Zeiten kam der lang gestreckte Wassergarten mit seinen herrlichen Taglilien- und Irisbeeten hinzu, der damals über 300 und heute immerhin an die 150 kostbare alte Sorten umfasst. Ein von Betonplattenwegen eintönig gegliederter Rosengarten führt uns eher die Schrecken der DDR-Gartenkultur vor Augen, aber er ist mit seinen Rosenzüchtungen „Kosmos", „Elbeglut" und „Charme" aus Dresden, Langensalza und Berlin bereits ein historisches Dokument, denn aus dem Handel sind sie fast schon verschwunden. Typisch für die DDR-Jahre sind auch die realistischen Bronzefiguren von Liebespaaren, Gärtnerjungen und nackten Mädchen auf der Freundschaftsinsel sowie kunsthandwerkliche Zierelemente wie die Pflanzschalen und die durchbrochene Terrakottawand der Keramikerin Hedwig Bollhagen.

An dem 1973 zu den Weltfestspielen errichteten und zur Bundesgartenschau wieder instand gesetzten Ausstellungspavillon treffen wir den Inselgärtner Jörg Näthe. Er hat den jüngsten Teil der Anpflanzungen entworfen: den würzig duftenden Kräutergarten beim Inselcafé, und er erzählt, wie schwierig es ist, die mit viel Geld und öffentlichem Interesse zur Bundesgartenschau wiederhergestellte Pracht des Eilands jetzt dauerhaft zu erhalten. Über 100 000 Stauden wurden neu gepflanzt. Jetzt wollen sie gepflegt sein. Zum Glück hat sich ein Förderverein zusammengefunden. Die Freundschaftsinsel ist so etwas wie der Hausgarten der Potsdamer, ein volkstümlicher Park ohne königliche Vergangenheit, mit Kinderspielplatz und lauschigem Freiluftkino an der Spitze der Insel. Ungestört von Touristengruppen kann man hier den ganzen Tag verbringen, von einer weißen Parkbank zur anderen wandeln, einen Kaffee trinken, vielleicht ein Tretboot mieten und sich auf dem Fluss vorbeitreiben lassen.

Schon seit 1845 gab es an der Alten Fahrt ein Ausflugslokal. Eine alte Postkarte zeigt sonntäglich gekleidete Leute auf der Terrasse im „Restaurant Freundschafts-

Karl Foersters Haus in Bornim wurde im Jahr 1911 im Stil der damaligen Reformarchitektur errichtet. Nach dem Tod von Foersters Tochter Marianne, die das Anwesen pflegte, ging das Gartendenkmal mitsamt dem Wohnhaus in eine treuhänderische Stiftung unter dem Dach der Deutschen Stiftung Denkmalschutz über.

insel". Es befand sich genau dort, wo heute die Cafeteria zum Sonntagsbrunch lädt: neben einer über 200 Jahre alten Schwarzpappel, deren knorriger Stumpf immer noch austreibt.

Auch der Karl-Foerster-Garten in Bornim ist eine Insel – eine Blüteninsel in der Lennéschen Feldflur –, mittlerweile allerdings hart bedrängt von der ins Umland ausufernden Stadt Potsdam. Mit einem öffentlichen Bus kommt man von der Freundschaftsinsel direkt dorthin. Wir nehmen lieber das Rad, machen noch einen Abstecher zur Karl-Foerster-Grundschule in der Kirschallee, der die Bundesgartenschau einen Schulgarten voller Stauden bescherte, und werfen einen Blick auf die fünf Hektar große Modellkleingartenanlage in der Nähe. Schicke Designer-Lauben, familienfreundliche flexible Parzellen, wilde Öko-Biotope und öffentliche Streuobstwiesen sollen die alte Schrebergartenidee für eine jüngere Generation attraktiv machen. Ob's funktioniert? Gegärtnert wird immer, nur der Stil ändert sich.

Davon erzählt auch Karl Foersters eigenes Anwesen. 1910 zog er mit seiner Gärtnerei aus Berlin-Westend hierher und ließ sich ein Haus im Stil des Reformarchitekten Hermann Muthesius bauen. Er brauchte Flächen für die jahrelangen Beobachtungs- und Testphasen seiner Neuzüchtungen und legte rund um sein neues Haus einen dicht bestandenen Garten an. In der noch unbebauten Feldflur war reichlich Platz für die Anzucht der zum Verkauf bestimmten Pflanzen.

Unlängst hat die Firma „Foerster-Stauden" neue Anzuchtflächen angelegt und den Parkplatz vergrößert. Das Unternehmen blüht. Der Foerster-Garten auch. Mehrfach umgestaltet, ist er heute ein einzigartiges

Karl Foersters Blütenreich in Bornim lohnt zu allen Jahreszeiten einen Besuch. Hier das Herzstück der Anlage, der Senkgarten. Er ist gegenüber dem umgebenden Niveau um einige Stufen abgesenkt. Im Zentrum liegt ein Wasserbecken.

Blütenparadies, das sich im Laufe der Jahreszeiten wandelt – vielleicht der schönste Garten Potsdams. Eine Million Mark hat die Rekonstruktion des Gartendenkmals zur Bundesgartenschau gekostet. Auch jetzt sind hier ständig fleißige Gärtner an der Arbeit. Selbst die pflegeleichtesten, selbsttätig blühenden Staudenbeete machen Arbeit, wenn sie so perfekt und überbordend blühen sollen wie diese. Atemberaubend von Mai bis September ist der in den 1930er-Jahren von Hermann Mattern entworfene „Senkgarten" um das rechteckige Wasserbecken. Wie auf den Rängen eines Theaters staffeln sich die Blumen. Als wir letztes Mal im Frühjahr hier waren, wetteiferten im sanften Nieselregen Tulpen aller Farbschattierungen um unsere Aufmerksamkeit. Gelbe und blaue Zwergiris blühten zart zwischen den Felsbrocken im Steingarten unter den hohen Nadelbäumen. Jetzt im Frühsommer ist die Zeit der blauen Ritterspornkönige, der feurigen Taglilien, der kleinblütigen Rosen. Im Herbst werden sich die gefiederten Blätter des knorrig gewachsenen Fächerahorns am Wasserbecken orangerot färben und die schönen hohen Ziergräser zu ihrem Recht kommen, wenn alle Sommerblumen längst verblüht sind. Bis zu ihrem Tod 2010 bewohnte Karl Foersters Tochter Marianne das Elternhaus und wachte über den Garten, nun kümmert sich eine Stiftung um das Erbe. Der Eintritt ins Blumenparadies ist frei, so wie sich das Karl Foerster immer gewünscht hat – und umso größer die Versuchung, im Foerster-Gartencenter daneben sein Geld für Blumen auszugeben. Als wir zurückradeln, ist der Fahrradkorb voll mit Neuzugängen fürs Gartenbeet und Bücherregal: jungen Staudenpflänzchen, einer Staudenfibel mit Pflegetipps und Karl Foersters programmatischem Buch *Es wird durchgeblüht*.

Pfeif auf die Welt!
Caputh

Eine Freundin hat uns den Schlüssel zu ihrem Ferienhäuschen in Caputh geliehen. Die Gelegenheit kommt wie gerufen. Es sind Sommerferien, die Kinder wollen ihren Spaß haben, die Eltern ihre Potsdam-Erkundungen fortsetzen. Caputh liegt knapp hinter der Stadtgrenze im Süden Potsdams zwischen drei Seen, dem Schwielow- und dem Templiner See sowie dem versteckten, rundum von Wald und Röhricht geschützten Caputher See. Abseits der städtischen Geschäftigkeit und des Potsdamer Touristenrummels ist Caputh ein idealer Ausgangspunkt für Streifzüge durch die Umgebung. Von der Dampferanlegestelle am Caputher Schloss kann man über den Templiner See den Turm der Friedenskirche und das Belvedere auf dem Potsdamer Pfingstberg erkennen. Es gibt eine Bahnstrecke und eine schöne Uferstraße zum Hauptbahnhof. Auch Ausflugsziele wie die Baumblütenstadt Werder, die historische Ziegelbrennerei in Glindow, das Schlösschen Petzow oder das Museum der havelländischen Malerkolonie in Ferch liegen ganz nah. Caputh selbst lockt Ausflügler mit drei Sehenswürdigkeiten: dem noch nicht lange sanierten Barockschlösschen, dem Sommerhaus Albert Einsteins und dem kaum bekannten Altmann-Garten.

Seit man sich im Internet die ganze Erde aus der Satellitenperspektive heranzoomen kann, schauen wir uns Ferienquartiere und Ausflugsziele vorher gern im Luftbild an. Mitten im Ort, etwa dort, wo sich das Ferienhäuschen und nicht weit davon der Altmann-Garten befinden sollen, war nur eine bräunliche Wüste zu erkennen. „Bis zur Sanddüne und dann links", hatte die Freundin am Telefon als Wegbeschreibung angegeben. Wirklich, ein riesiger, spärlich bewachsener Berg erwartet uns, drum herum lange Straßen mit Ferienhäusern auf großen Grundstücken. Als wir unseres bezogen haben, ziehen wir los und klettern auf die Düne. Von der Kuppe schaut man weit ins Land auf bewaldete Hügel und Seen. Dort oben auf dem Krähenberg versandet die Geschwister-Scholl-Straße. Wir finden die Nr. 33: ein Landhaus mit bröckelndem Putz aus der Kaiserzeit, das Gartentor steht offen, nur ein Zettel am Zaun weist den Weg über das Privatgrundstück hangabwärts zu dem Kleinod, das der Gärtner Peter Altmann über einen Zeitraum von 40 Jahren angelegt hat.

Der Altmann-Garten in Caputh strahlt meditative Ruhe aus. Sein Schöpfer Peter Altmann starb 2005, doch die Gemeinde Schwielowsee bemüht sich, das Kleinod zu erhalten.

Nach der Heimkehr aus der Kriegsgefangenschaft fand Altmann 1948 eine Anstellung bei dem Gärtner Karl Foerster in Bornim und wurde von ihm mit der Pflege des Staudengartens auf der Potsdamer Freundschaftsinsel betraut. Bis zu seiner Pensionierung war der Inselgärtner eine stadtbekannte Persönlichkeit. Seit 1965 wohnte er in Caputh, wo er auf einer Obstwiese unterhalb des Hauses ein Refugium ganz nach seinen eigenen Vorstellungen gestaltete: „Der Garten muss die vollkommene Harmonie des Menschen mit der Natur sein." Statt hochgezüchteter Rosen oder Rittersporne sammelte Altmann lieber seltene, oft unscheinbare und winzige Pflanzen – Gräser, Moose und Gebirgsblumen, für die er aus zusammengetragenen Kalk- und Feldsteinen passende Lebensräume baute. Zwischen Buchsbaumhecken schuf er Biotope für allerlei Heidekraut, Waldschattenpflanzen, Sumpfgräser oder Sonnenliebende. Schmale gewundene Wege führen um die Beete, man geht sie wieder und wieder ab und entdeckt im Kleinen jedes Mal neue Schönheiten: ein

Blümchen, einen besonderen Grünton, ein ungewöhnliches Blattmuster. Dieser Ort öffnet die Sinne für das Unaufdringliche und Zarte, schärft die Konzentration wie ein japanischer Zen-Garten, ohne so streng zu sein. Eine Rundbank unter einem alten Birnbaum, ein Mühlstein, alte Steinbänke und ein hölzerner Pavillon laden zum Verweilen und Schauen ein. Hinter Glas hängen Aufzeichnungen und Fotos des Gartenschöpfers, der 2005 mit 90 Jahren starb. „Gott hat einen guten Gärtner gebraucht", sagte der Caputher Pfarrer bei der Trauerfeier. „Und so hat er Peter Altmann in sein Paradies geholt."

Nah am Himmel hat sich auch Albert Einstein in Caputh gefühlt. 1931 schickte er seinem Sohn Eduard eine Einladung:

Sei ein gutes faules Tier,
Streck alle Viere weit von Dir,
Komm nach Caputh, pfeif auf die Welt,
Und auf Papa, wenn Dirs gefällt.

In sein Holzhaus am Waldrand hat Einstein viele Bekannte zum Ausspannen und zu Gesprächen gebeten, darunter etliche Nobelpreisträger wie die Physiker Max von Laue und Max Planck oder die Dichter Gerhart Hauptmann und Rabindranath Tagore. Max Liebermann und Käthe Kollwitz, Heinrich Mann und Anna Seghers kamen nach Caputh, von hier aus korrespondierte Einstein mit Mahatma Gandhi und Sigmund Freud. In Caputh herrschte Zwanglosigkeit, wie das Genie sie liebte. Der Hausherr empfing seine Gäste im Lieblingspullover und mit nackten Füßen. Als seine Frau Elsa ihn einmal drängte, sich vor einem

Besuch von Würdenträgern umzuziehen, antwortete er: „Wenn sie mich sehen wollen, bin ich da. Wenn sie meine Kleider betrachten wollen, öffne ich den Kleiderschrank."

Die höchste Ehre, die einem Besucher widerfahren konnte, war die Einladung zu einer privaten Segelpartie mit Einstein auf der Havel. Sein hübscher Jollenkreuzer aus Mahagoniholz, liebevoll „Tümmler" genannt, sieben Meter lang mit Hilfsmotor und 20 Quadratmeter Segelfläche, stammte aus einer Bootswerft in Caputh. Die Segelleidenschaft war ein Grund, sich in dem Ort ein Sommerhaus zu bauen.

Als der Begründer der Relativitätstheorie am 14. März 1929 seinen 50. Geburtstag feierte, war er längst ein weltberühmter Wissenschaftler und eine moralische Autorität. Aus diesem Anlass wollte der Berliner Oberbürgermeister dem prominenten Mitbürger eigentlich ein Haus mit Havelblick schenken. Alle zur Verfügung stehenden Immobilien erwiesen sich jedoch als bewohnt oder ungeeignet, die Schenkungsabsicht provozierte zudem antisemitische Anfeindungen im Stadtparlament und in der Presse. Schließlich lehnte Einstein jedes Geschenk der Gemeinde dankend ab. Aus eigener Tasche erwarb er das hoch gelegene Grundstück mit Seeblick in Caputh und beauftragte den jungen Architekten Konrad Wachsmann, Spezialist für die Serienfertigung von Holzhäusern, mit dem Bau.

Konrad Wachsmann war kein Schüler des Bauhauses, jedoch ein Geistesverwandter, der architektonische Schönheit aus klarer Zweckmäßigkeit entwickelte. Der strenge Kubus des Kaminzimmers mit der großen Dachterrasse darüber, die Holzvertäfelung der Innenräume, die Einbauschränke, die französischen Fenster

und das Bullauge über der Badewanne beweisen schlichte Eleganz. Das Satteldach und die rustikal aus der Fassade ragenden Tragebalken passen nicht ganz dazu, es sind Konzessionen an Einsteins Sehnsucht nach einer gediegenen Holzhütte. So spiegelt das Haus beides, den strengen Geist der Moderne und die Bedürfnisse des Bauherrn nach Gemütlichkeit.

Im Herbst 1929 war das Haus bezugsfertig und Einstein sehr glücklich damit, trotz „der durch dasselbe erzeugten Pleite. Das Segelschiff, die Fernsicht, die einsamen Herbstspaziergänge, die relative Ruhe, es ist ein Paradies." Im November 1932 kaufte Einsteins Frau ein Nachbargrundstück mit einem kleinen Häuschen, um dort Gäste zu beherbergen. Zwei Monate später kamen die Nazis an die Macht, von einer winterlichen Vortragsreise in die USA kehrte die Familie nicht mehr zu-

Der deutsch-jüdische Architekt Konrad Wachsmann (1901–1980) entwarf das Einsteinhaus in Caputh. Im amerikanischen Exil entwickelte er ein Fertighaussystem in Holzbauweise.

rück. In Nazideutschland war Einstein unerwünscht. Mit seinem Einverständnis wurde das Caputher Haus zunächst an ein jüdisches Kinderheim in der Nachbarschaft vermietet. Nach der Enteignung im Jahr 1935 nutzten es Naziorganisationen und die Wehrmacht. Die DDR-Akademie der Wissenschaften renovierte es als Haus für Gäste und Veranstaltungen.

Nach jahrelangen Rechtsstreitigkeiten gehört es heute der Hebräischen Universität in Jerusalem und wird vom Potsdamer Einstein-Forum verwaltet. Als sorgfältig restauriertes Architekturdenkmal steht das Haus am Wochenende für Besucher offen. Eine Umwandlung in ein Einstein-Museum hat sich der Nobelpreisträger testamentarisch verbeten. Der Kult um seine Person ging ihm schon zu Lebzeiten derart auf die Nerven, dass er keine Pilgerstätten hinterlassen wollte und seine Asche verstreuen ließ. Daher ist eine Ausstellung über Einstein in Caputh nicht im Einsteinhaus zu sehen, sondern ein paar Fußminuten entfernt im Bürgerhaus. Die Fassade schmückt ein Bonmot des Menschenfreundes: „Das Schönste, was wir erleben können, ist das Geheimnisvolle."

Auf der anderen Seite der Durchgangsstraße liegt das Caputher Schloss, das zu DDR-Zeiten halb vergessen war. Es diente seinerzeit als Berufsfachschule und Internat. Nach der Wiedervereinigung ist es als Museumsschloss hergerichtet worden, was seiner großen Bedeutung für die Entwicklung der Potsdamer Kulturlandschaft gerecht wird. Es ist der einzige erhaltene Schlossbau aus der Zeit des Großen Kurfürsten, der den Anstoß zur Verwandlung der Gegend in ein preußisches Arkadien gab. 1671 schenkte er das Anwesen seiner Gattin Dorothea. „Im Allgemeinen sind alle

Der Große Kurfürst errichtete das Caputher Schloss 1671 als Landsitz für seine zweite Gemahlin Dorothea. Es ist der einzige erhaltene Schlossbau aus dieser frühen Entwicklungsperiode der Potsdamer Kulturlandschaft. In fast allen Räumen sind die ursprünglichen Deckengestaltungen mit Gemälden und Stuckaturen erhalten geblieben, die ausgestellten Möbel und Kunstwerke stammen ebenfalls aus der Zeit um 1700.

Im Jahr 1720 ließ der von Holland begeisterte Soldatenkönig Friedrich Wilhelm I. den Sommerspeisesaal des Caputher Schlosses mit 7500 holländischen Fayencefliesen verzieren.

Gemächer mit schönen Möbles, Spiegeln, Gemälden, Porzellan von großer Kostbarkeit und großen Vasen geschmückt, und ich weiß nicht, welche andere Fürstin sich rühmen könnte, Schöneres zu besitzen", berichtet 1686 der italienische Reisende Gregorio Leti. Aus Dorotheas Nachlass und den zerstörten Stadtschlössern in Berlin und Potsdam stammen viele der heute hier ausgestellten Kostbarkeiten.

Einmal streifte die große Politik das abgelegene Caputh. In Potsdam empfing der erste preußische König Friedrich I. im Juli 1709 seinen sächsischen Rivalen August den Starken und den Dänen Friedrich IV. zum Dreikönigstreffen. Eine militärische Allianz gegen Schweden sollte geschmiedet werden. Auf einer Prunkjacht schipperten die Könige über die Havel zum Caputher Schloss zu einem rauschenden Gartenfest. Ein starkes Militärbündnis kam nicht zustande, doch der preußische Monarch nutzte die Chance, durch höfischen Prunk seinen Anspruch auf eine Führungsrolle in Europa zu demonstrieren.

Theodor Fontane bezeichnet das so stille Caputh in seinen *Wanderungen* überraschenderweise als „Chicago des Schwielowsees". Denn während der Gründerzeit besaß der kleine Ort eine Flotte von ungefähr 60 Schiffen, die vor allem Ziegel aus den Brennereien der Umgebung ins aufstrebende Berlin transportierten, auch Obst aus Werder und andere Lebensmittel. Auswärtige Schiffer ankerten bei schlechtem Wetter oder bei Havarien in Caputh. Der Ort verlor an Bedeutung, als um 1890 der Sacrow-Paretzer Kanal gebaut wurde und die Havelschiffer der Caputher Enge ausweichen konnten. Danach kehrte die Ruhe zurück. Sie hat sich nicht wieder vertreiben lassen.

Zu den Sternen

Einsteinturm und Telegrafenberg

In Potsdam leben viele neugierige Leute. Sie arbeiten an der Universität oder in hoch spezialisierten Forschungsinstituten für Binnenfischerei, Schiffbau, Software- und Biotechnik, für Militärgeschichte, Kirchenrecht, Familienforschung und internationale Wirtschaftsbeziehungen, für Astrophysik, Polar- und Meeresforschung. Das Einstein-Forum am Neuen Markt bringt die Natur- und Geisteswissenschaftler untereinander und mit der Öffentlichkeit ins Gespräch. In keiner deutschen Stadt liegt der Anteil der Wissenschaftler an der Gesamtbevölkerung höher als in Potsdam.

Die berühmteste Forschungseinrichtung ist der Einsteinturm auf dem Telegrafenberg, seit 1922 wird hier das Geschehen auf der Sonne beobachtet. Im Sommer ist er normalerweise nicht zu besichtigen, zu kostbar sind für die Forscher die Stunden, an denen die Sonne hoch am Himmel steht und nicht durch Wolken verschattet wird. Trotzdem lohnt sich der Ausflug auf den Telegrafenberg auch ohne Innenbesichtigung. Die Sonne bringt den Turm wie eine abstrakte Marmorskulptur zum Leuchten und verleiht ihm durch ungewöhnliche Schattenspiele größere Plastizität. In der Weltarchitektur rangiert der von Erich Mendelsohn entworfene Bau noch vor Schloss Sanssouci. Rokokoschlösser gibt es einige, aber von den expressionistischen Fantasien der Architekten nach dem Ende des Ersten Weltkrieges ist kaum etwas gebaut worden.

Wir haben Glück, für ein Fernsehteam öffnen sich die Türen auch im Sommer. Ein Mitarbeiter zeigt uns seinen Arbeitsplatz, ein physikalisches Labor mit

Der Architekt Erich Mendelsohn (1887–1953) konzipierte den Einsteinturm als Stahlbetonbau. Da diese Technik aber noch nicht ausgereift war, wurden tragende Teile gemauert und unter Putz versteckt. 1922 fertiggestellt, war der Turm schon nach wenigen Jahren sanierungsbedürftig. Trotzdem gilt er als Meilenstein der modernen Architektur.

Spiegeln und Linsen, elektronischen Messgeräten und angeschlossenen Computern. Das Labor befindet sich halb unter der Erde im Sockelgeschoss, genau dort, wo das senkrecht von oben durch den Turm einfallende Sonnenlicht mithilfe eines Spiegels in einen Spektrografen umgelenkt wird. Als der Turm gebaut wurde, hoffte man, durch die Verschiebung von Spektrallinien im Sonnenlicht die Richtigkeit von Einsteins Relativitätstheorie experimentell nachweisen zu können. Das gelang hier zwar nicht, aber das Instrument liefert ein gestochen scharfes Sonnenbild von etwa 13 Zentimeter Durchmesser, an dem sich die Magnetfelder auf der Sonnenoberfläche untersuchen lassen.

Das Sonnenteleskop sieht ganz anders aus als ein übliches Sternenfernrohr. Das hänge damit zusammen, erklärt der Mitarbeiter, dass es nicht nur Licht einfängt, sondern auch viel Wärmeenergie, die entweichen muss. Deshalb sind die Linsen an einem offenen Holzgerüst im Turm aufgehängt. Eine steile Wendeltreppe führt nach oben unter die weiße Kuppel. Durch Ziehen an einem dicken Tau wird sie geöffnet, auch die tonnenschwere Vorrichtung zum Einfangen des Sonnenlichts mittels zweier drehbarer Spiegel stammt noch aus der Erbauungszeit und lässt sich von Hand bewegen.

Um Sonnenbeobachtungen ungestört von Abgasen und Erschütterungen durch den modernen Verkehr zu ermöglichen, wurde das Observatorium auf eine abgelegene Waldlichtung gebaut. Autos und Touristenbusse mit Schaulustigen dürfen nicht nah heranfahren. Spaziergänger müssen erst den großen Wissenschaftspark auf dem Telegrafenberg zu Fuß durchmessen, ehe sie das prominente Bauwerk in seinem stillen

In dem ehemaligen astrophysikalischen Observatorium auf dem Telegrafenberg ist das Potsdam-Institut für Klimafolgenforschung als Teil des Wissenschaftsparks Albert Einstein untergebracht. Das 1874 errichtete Hauptgebäude trägt heute den Namen Michelsonhaus.

Winkel aufspüren. Das schreckt die allzu Eiligen ab. Dabei ist das gesamte Forschungsgelände einen Besuch wert. In der Kaiserzeit, als die Luft über der Großstadt Berlin sich eintrübte, wurde Potsdam als Ausweichstandort für Sternenbeobachtungen zusehends attraktiver. Auf dem Telegrafenberg entstand ab 1874 das erste astrophysikalische Observatorium der Welt. Fünf Jahre später war die erste Sternwarte mit drei Beobachtungskuppeln fertig, das Michelsonhaus. 1899 ging auf dem Telegrafenberg der Große Refraktor in Betrieb, das viertgrößte Linsenfernrohr der Welt. Mit ihm konnte die Geschwindigkeit von Doppelsternen gemessen und die Existenz von Sternenstaub und Gasen im Weltraum nachgewiesen werden. Im Erdgeschoss befindet sich heute ein Schülerlabor. Die gelbrote Backsteinarchitektur der Observatorien und ihre Lage in einem weitläufigen Park erinnern – auf angenehme Weise – an die weitläufigen Sanatorien der Kaiserzeit. Da und dort sieht man einen Sternen- oder Klimaforscher in Gedanken versunken auf den Parkwegen spazieren gehen.

Nicht nur der Weltraum, auch die Erde wurde in der Kaiserzeit vom Telegrafenberg aus neu vermessen. Das 1892 eingeweihte Geodätische Institut war weltweit führend auf seinem Gebiet, der im selben Jahr in Betrieb genommene Helmert-Turm diente als Nullpunkt der preußischen Landvermessung. Der Telegrafenberg war damit sozusagen der Nabel der Welt für viele Geografen. Auch die Wetterfrösche sind auf dem Telegrafenberg seit mehr als hundert Jahren zu Hause, der Deutsche Wetterdienst unterhält bis heute eine Beobachtungsstation. Im 1999 eingeweihten Neubau des Alfred-Wegener-Instituts werden Messgeräte für Untersuchungen der Erdatmosphäre entwickelt und geeicht. 2004 erstellten Wissenschaftler des Potsdamer Geoforschungszentrums mithilfe von Satelliten ein Modell der Erdoberfläche, das deren Abweichungen von der idealen Kugelform sichtbar macht. Mit ihren Dellen und Beulen ähnelt Mutter Erde eher einem Knollengewächs. Daher bezeichnen Geoforscher unseren Planeten neuerdings liebevoll als „Potsdamer Kartoffel".
Das Michelsonhaus ist heute Hauptsitz des interdisziplinären Potsdam-Instituts für Klimafolgenforschung mit rund 340 Mitarbeitern. Es liefert wissenschaftliche Daten über den dramatischen Klimawandel und arbeitet an Lösungsstrategien. Sein Direktor Hans Joachim Schellnhuber berät die Bundesregierung, nutzt aber auch intensiv die Medien, um vor einer weiteren Erderwärmung zu warnen und politische Konsequenzen einzufordern. Auf dem Telegrafenberg wird heute global gedacht und ganz praktisch gehandelt: So entwickelte das Potsdamer Geoforschungszentrum ein Tsunami-Warnsystem für den Indischen

Ozean, das Katastrophen mit Hunderttausenden Toten wie 2004 in Indonesien, Sri Lanka, Thailand und Indien verhindern soll.

Kultur statt Kavallerie

Hans Otto Theater und Schiffbauergasse

Potsdam, nicht gerade arm an Juwelen der Architektur, hat einen neuen Blickfang. Ein muschelartiges Gebilde aus Glas und Beton ist aus einer bislang wenig beachteten Uferpartie der Havel emporgewachsen. Wie Haifischflossen oder Hahnenkämme kragen drei rote Dachschalen über die Fensterfronten. Wundersam hält die eigensinnige Gebäudeskulptur die Einbildungskraft des Betrachters in Bewegung. Kaum nimmt man wahr, dass hinter dem schwungvollen Schaustück ein klotziger grauschwarzer Bühnenturm aufragt, eingeklammert von nüchternen Neubautrakten für Verwaltung und Betrieb eines großen Stadttheaters mit rund 150 Angestellten.
Rote Horizontalstreifen verbinden die profanen Seitenfassaden mit den expressiven Schalendächern, die sich über dem verglasten Foyer und Zuschauerraum des 2006 eröffneten Potsdamer Theaters wölben. Auf der Rückseite des Bühnenhauses überrascht ein kreisrunder Betriebshof, umschlossen von einer hohen Stahlwand: Es handelt sich um die denkmalgeschützte Hülle eines ehemaligen Gasometers. Hart stößt der Neubau an das älteste Gebäude der Nachbarschaft, das schon allerlei Verwandlungen hinter sich hat. Im 18. Jahrhundert als Windmühle für die Herstellung von Zichorienkaffee erbaut, wurde dem steinernen Sockel später ein trutziger Zinnenkranz aufgesetzt und

Neubau des Hans Otto Theaters am Kultur- und Gewerbestandort in der Schiffbauergasse, eröffnet 2006. Die Architekten des neuen Potsdamer Wahrzeichens waren Gottfried und Paul Böhm.

ein Fabrikantenwohnhaus angefügt. Jetzt befindet sich dort ein Theaterrestaurant.

Umlagert wird der Theaterneubau an der Schiffbauergasse von Backsteinhallen für das preußische Militär. Vom „Reittheater" sprachen die Potsdamer im 19. Jahrhundert, weil man dort die täglichen Übungen der Kavallerie beobachten konnte. Nach dem Zweiten Weltkrieg nutzten die sowjetischen Streitkräfte, die Nationale Volksarmee und der sowjetische Geheimdienst KGB die Anlagen, bis 2008 war das Potsdamer Kreiswehrersatzamt dort ansässig.

Dieses ehemalige Sperr- und Industriegebiet am Rand der Potsdamer Altstadt hat sich über einen Zeitraum von 20 Jahren in ein Kulturquartier verwandelt. Schon seit 1993 bietet das „Waschhaus", benannt nach dem roten Backsteinbau der einstigen Garnisons-Dampf-

Wäscherei, Musik, Film, Tanz und bildende Kunst für ein junges Publikum. Das Tanzhaus „fabrik“ und das Off-Theater „T-Werk“ waren auch schon da, ehe 1998 das Potsdamer Kinder- und Jugendtheater in der sanierten Reithalle A eine feste Bleibe fand. Die Aussicht auf eine attraktive Nachbarschaft hat bereits gewerbliche Investoren angelockt wie die Computerfirma Oracle und die Designabteilung des VW-Konzerns mit einer Niederlassung. Seit 2008 gibt es ein Fluxus-Kunstmuseum auf dem Gelände (museum FLUXUS+). 2011 wurde das „Haus der Baukultur“ in der ehemaligen „Husarenvilla“ eröffnet, die 1895 als Kaserne für das Leibgarde-Husarenregiment gebaut wurde. Die 2007 gegründete Bundesstiftung Baukultur hat dort ihren Sitz, in einem preisgekrönten Gebäude, das nach dem Umbau raffiniert alte und neue Architektur verbindet.

Mit der Eröffnung des neuen Hans Otto Theaters kam eine verworrene Planungsgeschichte zu einem glücklichen Ende. Seit 1945 hatte sich das Potsdamer Stadttheater mit Provisorien behelfen müssen. Damals wurde der klassizistische Theaterbau aus dem späten 18. Jahrhundert durch einen Bombenangriff zerstört. 1949 zogen die Schauspieler in eine umgebaute Tanzgaststätte am Schlosspark Sanssouci, drei Jahre später erhielt die Bühne den Namen Hans Otto Theater nach einem von den Nazis ermordeten Schauspieler.

Kurz vor dem Ende der DDR wurde der Grundstein für einen Theaterneubau am Alten Markt gelegt. Der massive Betonrohbau war 1991 fertig – und wurde wieder abgerissen, weil er missfiel und einer Rekonstruktion des Potsdamer Stadtschlosses im Wege stand. Jahr um Jahr mussten die Theaterleute dann eine provisorische Wellblechhalle bespielen, die sogenannte

Blechbüchse. Regnete es kräftig auf das Dach der Theaterdose, verstand man darin von den Schauspielern kein Wort.

Wegen der Ebbe in der Stadtkasse hätten manche Kommunalpolitiker gern ganz auf einen Theaterneubau verzichtet: Es sei doch billiger, die Potsdamer im Taxi nach Berlin ins Theater zu fahren, lautete ein Argument. Und für das Drittel Besucher aus der Hauptstadt müsse man schon gar kein neues Theater bauen. In anderen brandenburgischen Städten wurden Bühnen verkleinert und Ensembles aufgelöst, allein die Landeshauptstadt wollte die Landesregierung dann doch nicht zur Theaterwüste verkommen lassen. Gut 26 Millionen Euro kamen schließlich für einen Neubau zusammen, keine exorbitante Summe. Mit Gottfried Böhm, Jahrgang 1920, wurde ein prominenter, vor allem für seine Kirchenbauten berühmter Architekt gewonnen, der einzige deutsche Träger des Pritzker-Preises, so etwas wie der Nobelpreis für Architekten.

In den Funktionsbereichen des Hauses ist der Zwang zur Sparsamkeit unübersehbar. Die Betonwände in den Treppenhäusern sind teilweise unverputzt, die Korridore niedrig und eng, das wichtigste Gestaltungselement ist die Farbe. Ohne die knallroten Türen in schwarzen Rahmen und die roten Fußbodenbeläge sähe es ziemlich trist aus. Im Theaterfoyer dienen rot lackierte Eisenbahnschienen als Handlauf, ein diskreter Hinweis auf das knappe Budget. Für den Mangel an kostbaren Materialien entschädigen die großartigen Ausblicke aus dem Gebäude auf die Uferpromenade an der Havel, den Tiefen See und den Babelsberger Park.

Traumvillen in Traumlage: In der Berliner Vorstadt wohnt der neue Potsdamer Geldadel. Die Villa Kampffmeyer (ganz rechts) wurde 1924 für einen reichen Mühlenbesitzer gebaut und in DDR-Zeiten vom sowjetischen Geheimdienst und der Stasi genutzt. Nach der Wiedervereinigung entstanden auf dem Parkgelände postmoderne Luxusvillen.

Die missgünstige Fee

Potsdamer Streitigkeiten

Die kleine Schwester von Berlin hat viele vermögende Liebhaber angelockt, seit die Mauer gefallen ist. Wer über die Glienicker Brücke nach Potsdam hineinfährt, merkt es sofort. Die Berliner Vorstadt zwischen Tiefem und Heiligem See mit ihren traumhaften Villen aus dem 19. Jahrhundert ist wieder eine der allernobelsten Wohnadressen der Hauptstadtregion. Hell geputzt signalisiert gleich das erste Potsdamer Haus hinter der Glienicker Brücke, die klassizistische Villa Schöningen des Schinkel-Schülers Ludwig Persius, dass eine neue Zeit angebrochen ist. Verbaut und heruntergekommen kündete die Villa noch Jahre nach der Grenzöffnung vom Verfall in DDR-Zeiten, sollte sogar abgerissen werden. Dann kaufte sie ein Potsdamer Neubürger

aus der Gegend, der Vorstandsvorsitzende des Axel-Springer-Medienkonzerns Mathias Döpfner gemeinsam mit dem Bankier Leonhard Fischer. 2009 eröffneten sie ein privat finanziertes Museum, das mit Zeitzeugenberichten, Dokumenten und Fotos die Erinnerung an die Teilung Deutschlands wachhält: Seit 1953 war die Glienicker Brücke – damals „Brücke der Einheit" – für den gesamten zivilen Verkehr geschlossen. Dreimal tauschten die Geheimdienste von Ost und West auf der Brücke zwischen West-Berlin und DDR-Territorium Agenten aus, 1988 rasten drei DDR-Flüchtlinge in einem Lastwagen durch die Grenzsperren. Seit dem 10. November 1989 kann die Brücke wieder ohne Lebensgefahr betreten werden.

Einer der Prominenten, die sich nach dem Mauerfall in Potsdam verguckt und nah der Glienicker Brücke am Heiligen See niedergelassen haben, ist der Fernseh-

Das erste Haus hinter der Glienicker Brücke, die Berlin und Potsdam verbindet, ist die von Ludwig Persius entworfene Villa Schöningen, seit 2009 ein Ort der Erinnerung an die deutsche Teilung und Wiedervereinigung.

moderator Günther Jauch, laut Umfragen der beliebteste Deutsche und sogar der intelligenteste. 2006 heiratete er seine langjährige Lebensgefährtin auf dem Belvedere auf dem Pfingstberg. Der RTL-Millionärsmacher hat einen großen Teil seines Vermögens in etwa zwei Dutzend heruntergekommenen Potsdamer Häusern angelegt, die er denkmalgerecht sanieren ließ. Er unterstützt auch soziale Projekte und hat aus Werbegeldern der Betonindustrie den 3,5 Millionen Euro teuren Wiederaufbau des Fortunaportals des Stadtschlosses finanziert. Der regsame Potsdamer Bürger und Investor sammelte jedoch leidvolle Erfahrungen mit der örtlichen Baubürokratie. Als ihm 2007 der brandenburgische Ministerpräsident Matthias Platzeck die Schinkel-Medaille für seine herausragenden Verdienste um den Denkmalschutz verlieh, nutzte der

Medienprofi die Chance zum Eklat: Er prangerte die Willkür subalterner Verwaltungsmitarbeiter öffentlich an. Potsdam, so sein Eindruck, habe sich vom Aschenputtel der Nachwendezeit in eine Mischung aus „missgünstiger Fee und bösem Wolf“ verwandelt.

Dank Jauch gehört es inzwischen zum guten Ton, etwas von seinem Wohlstand abzugeben, wenn man es sich leisten kann, inmitten der Potsdamer Schönheiten zu residieren. Hasso Plattner, Mitbegründer des Softwarekonzerns SAP, stiftete der Potsdamer Universität ein komplettes Forschungs- und Ausbildungsinstitut für Computertechnik in Babelsberg: 200 Millionen Euro stellt er dafür bis 2020 aus seinem Privatvermögen zur Verfügung. Weitere 20 Millionen spendete Plattner, um die historischen Fassaden des Potsdamer Stadtschlosses wiederherzustellen, hinter denen künftig das brandenburgische Landesparlament tagt. Auch als das Geld für ein historisch korrektes Kupferdach auf dem Gebäude ausging, sprang Plattner ein. Dass er mit seinem Vermögen bestimmte Richtungsentscheidungen quasi im Alleingang durchsetzen kann, weckt jedoch auch Unbehagen bei manchen Potsdamern. Es ist eine Mischung aus Neid, Misstrauen und Ostalgie, die engagierten Neubürgern wie Jauch, Plattner oder dem in Potsdam geborenen Modeschöpfer Wolfgang Joop entgegenschlägt.

Der schlummernde Konflikt entlud sich 2012 in einem lauten Knall, als Plattner der Stadt ein weiteres großzügiges Angebot unterbreitete, das sie eigentlich nicht ausschlagen konnte. Er wollte das unschöne Hotelhochhaus aus DDR-Zeiten an der Langen Brücke kaufen, um es abzureißen und dort eine Kunsthalle zu errichten, nah am Hauptbahnhof, dem Hafen und dem als Landtag wieder aufgebauten Stadtschloss. Den Grundstock des Kunstmuseums sollte Plattners eigene Sammlung von DDR-Kunst bilden. Dagegen machte ausgerechnet die Potsdamer Linke mobil, pries den Hotelklotz als schützenswertes Erbe der sozialistischen Stadtplanung und griff den Milliardär Plattner auch persönlich an. Trotz Rückhalt bei den Stadtverordneten und einer stattlichen Bürgerdemonstration für sein Projekt zog der Mäzen sein Angebot zurück: Er wollte nicht länger der Zankapfel der Potsdamer Öffentlichkeit sein.

Hier das Potsdam der Reichen und Schönen, dort das Potsdam der Alteingesessenen, Habenichtse und Spaziergänger, die sich von den solventen Zuzüglern an den Rand geschoben fühlen: Seit Jahren messen beide Parteien ihre Kräfte am Griebnitzsee. Dort legten die DDR-Grenztruppen einen Uferweg an, aus dem nach dem Abbau der Grenzanlagen eine beliebte öffentliche Uferpromenade wurde. Einige Neubesitzer der Ufergrundstücke, auf denen prächtige Villen stehen, klagten sich durch alle Instanzen, um die Spaziergänger und Radfahrer zu vertreiben. Sie gründeten eine Bürgerinitiative, genau wie die Befürworter eines öffentlichen Uferwegs. 2009 erklärte das Oberverwaltungsgericht Berlin-Brandenburg den Standpunkt der Grundstücksbesitzer für rechtmäßig, woraufhin sofort neue Zäune errichtet und Bäume gepflanzt wurden, um den Uferweg unpassierbar zu machen. Unter dem Druck der empörten Öffentlichkeit verabschiedeten Potsdams Stadtverordnete 2012 einen neuen Bebauungsplan, der einen öffentlichen Uferweg vorschreibt. Die Stadt droht den renitenten Villenbesitzern mit Enteignung, das juristische Tauziehen geht in eine neue Runde.

Potsdams Aufschwung sorgt für neue Spannungen, es herrscht keine Friedhofsruhe in der Stadt. Zu ihr gehören eben auch das DDR-Plattenbaugebiet Schlaatz im Süden, die Studentenszene, Asylbewerber, türkische Ladenbesitzer und Zuwanderer aus der ehemaligen Sowjetunion. Dank dieses Zustroms gibt es wieder eine rund 400 Mitglieder zählende jüdische Gemeinde und seit 2005 einen Bauverein, der eine neue Synagoge errichten will. Relativ ruhig ist es um die Neonazi-Szene geworden. Sie konnte in Potsdam nicht so Fuß fassen wie in anderen brandenburgischen Städten. In der Landeshauptstadt sind mehrere Initiativen gegen Rechtsextremismus ansässig, die Landesregierung und die Stadtverwaltung haben ein großes Interesse daran, dass ausländische Gäste sich sicher fühlen. Auch die Bevölkerung bekennt Farbe, so verhinderte im Herbst 2012 eine Gegendemonstration von 2500 Potsdamern einen Marsch von Rechtsradikalen durch die Innenstadt.

Mit einer bunten Demonstration der linken und alternativen Szene gegen den Wiederaufbau der Garnisonkirche endet Andreas Maiers 2009 erschienener Roman *Sanssouci*, der einen russisch-orthodoxen Mönch, eine Männer kalt ausbeutende Vegetarierin, Stadtstreicher, Jugendliche und Fernsehleute auf ihren Wegen durch Potsdam begleitet. Ausgangspunkt ist der rätselhafte Tod eines Fernsehregisseurs, der das Potsdamer Leben in einer Telenovela mit dem Titel *Oststadt* aufs Korn genommen hatte. Die heimliche Hauptattraktion der Stadt befindet sich, gut geschützt vor den Augen der Touristen, mitten im Park von Sanssouci, etwa in der Gegend des Botanischen Gartens. In unterirdischen Luftschutzbunkern treffen sich heimlich die jungen Leute, tiefer in dem Gangsystem finden pseudoreligöse Kulte und Sado-Maso-Orgien statt. Eine Metapher für die Doppelbödigkeit Potsdams, hinter dessen weltberühmter Fassade ein Provinznest mit dämonischen Zügen sichtbar wird.

So viel Spott muss Potsdam aushalten. Dass im Roman die Potsdamer ihre dunklen Triebe ausgerechnet in Sanssouci ausleben, darf man auch als ironischen Seitenhieb gegen die Schlösserverwaltung lesen. Sie sieht so etwas nämlich gar nicht gerne. Regelmäßig erinnert sie die Potsdamer an die Existenz einer strengen Parkordnung und macht sich damit nicht nur Freunde. Eine Parkordnung gab es auch schon zu DDR-Zeiten, nur kümmerte sich niemand darum. Die Berliner und Potsdamer Bevölkerung gewöhnte sich daran, die Königlichen Gärten als Volksparks zu betrachten. Seit einigen Jahren bekämpft die Schlösserverwaltung energisch das Fahrradfahren und andere Ordnungswidrigkeiten, ebenso beharrlich verfolgt sie das Ziel, den Eintritt wenigstens in den Park von Sanssouci kostenpflichtig zu machen.

Dass die Stiftung Preußische Schlösser und Gärten unter ihrem seit 2002 amtierenden Generaldirektor Hartmut Dorgerloh oft unpopulär agiert, hat indes nachvollziehbare Gründe: Für die Erhaltung der Parks fehlt es an Geld, vor allem an Personal. Insgesamt muss die Stiftung in Brandenburg und Berlin rund 800 Hektar Parks und Gärten in vorzeigbarem Zustand halten, im Schnitt kommen acht Hektar auf einen Gärtner. Dorgerloh bezifferte Anfang 2013 das „Pflegedefizit“ auf vier bis fünf Millionen Euro pro Jahr. Das Welterbe müsse auch auf Welterbeniveau gepflegt werden, argumentiert er.

Wie bei den Parkanlagen versucht die Stiftung auch bei den Bauten den Verfall, der in DDR-Zeiten aus Geldmangel um sich gegriffen hat, zu stoppen. Auf rund 750 Millionen Euro beziffert sie den Nachholbedarf an Investitionen in die Bausubstanz und die Infrastruktur, um das Welterbe für die Zukunft zu erhalten. Damit hat die Stiftung die Kulturpolitiker im Bund und in den Ländern Berlin und Brandenburg aufgeschreckt und dazu gebracht, bis 2017 zusätzlich zum laufenden Haushalt der Stiftung 155 Millionen Euro zur Verfügung zu stellen. Investiert wird in die Bausubstanz des Neuen Palais und anderer Schlösser, in die Rekonstruktion von Parkanlagen, aber auch in Depots und in Serviceeinrichtungen für Besucher.

Touristen müssen damit rechnen, fast überall im Weltkulturerbe auf Baustellen zu treffen, denn nach Abschluss der Planungsphase wird der größte Teil des Geldes in den Jahren bis 2017 für die Umsetzung ausgegeben. Und dass danach Ruhe einkehrt, soll niemand glauben. „Wir haben immer noch einen ungedeckten Sanierungsbedarf von 500 Millionen", insistierte Dorgerloh im Januar 2013 vor der Presse und verwies auf Sanierungsfälle im Wartestand wie die Römischen Bäder im Park Sanssouci. Weltkulturerbe ist schön, aber auch kostspielig.

Anhang

Literaturhinweise
Register
Bildnachweis
Editorischer Hinweis
Impressum

Literaturhinweise

Harald Berndt/Jörg Kirschstein: Schloss Cecilienhof. Tudorromantik und Weltpolitik. München 2005.

Christiane Borgelt: Potsdam. Der Weg zur neuen Mitte. Hg. von der Sanierungsträger Potsdam GmbH im Auftrag der Landeshauptstadt Potsdam vertreten durch den Fachbereich Stadtplanung und Stadterneuerung. Berlin 2012.

Karlheinz Deisenroth: Märkische Grablege im höfischen Glanze: der Bornstedter Friedhof zu Potsdam. Hg. vom Militärgeschichtlichen Forschungsamt. Berlin 2003 (2., erw. u. aktual. Aufl.).

Catrin During/Albrecht Ecke: Gebaut! Architekturführer Potsdam. Berlin 2008.

Claas Fischer: Potsdam. Begegnungen mit Bäumen. Potsdam/Berlin 2007.

Karl Foerster: Ferien vom Ach. Berlin 1990 (10. erg. Aufl.).

Marianne Förster: Der Garten meines Vaters Karl Foerster. Hg. von Ulrich Timm, Fotos von Gary Rogers. München 2005.

Hans-Joachim Giersberg: Die Ruhestätte Friedrichs des Großen zu Sanssouci. Berlin 1991.

Ders.: Schloss Sanssouci. Die Sommerresidenz Friedrichs des Großen. Berlin 2005.

Peter-Michael Hahn: Geschichte Potsdams: von den Anfängen bis zur Gegenwart. München 2003.

Haus der Brandenburgisch-Preußischen Geschichte (Hg.): Schön und nützlich. Aus Brandenburgs Kloster-, Schloss- und Küchengärten. Begleitbuch zur Ausstellung des Hauses der Brandenburgisch-Preußischen Geschichte, 15. Mai bis 15. August 2004. In Kooperation mit der Stiftung Preußischer Schlösser und Gärten Berlin-Brandenburg. Bearb. Marina Heilmeyer, Red. Monika Hingst. Leipzig 2004.

Georg Hermann: Spaziergang in Potsdam (1929). Hg. mit einem Nachwort von Gundel Mattenklott. Fotos von Gerhard Murza. Berlin 1996.

Jochen R. Klicker: Potsdam. Literarische Spaziergänge. Frankfurt a. M./Leipzig 2003.

Andreas Maier: Sanssouci. Frankfurt a. M. 2009.

Doris und Arnold E. Maurer (Hg.): Potsdam. Ein Reisebuch. Frankfurt a. M./Leipzig 1993.

Friedrich Mielke: Potsdamer Baukunst. Das klassische Potsdam. Frankfurt a. M./Berlin/Wien 1981.

Helene von Nostitz: Potsdam (1930). Neuausgabe Frankfurt a. M. 1966.

Lutz H. Prüfer: Potsdam und der Wein. Wiesbaden 2006.

Rat der Stadt Potsdam (Hg.): 1000 Jahre Potsdam. Blätter aus der Stadtgeschichte. Potsdam 1987.

Michael Seiler/Jörg Wacker: Insel Potsdam. Ein kulturhistorischer Begleiter durch die Potsdamer Parklandschaft. Museumspädagogischer Dienst Berlin. Mit Fotografien von Hermann Kiessling und einer Einführung von Goerd Peschken. Berlin 1991.

Generaldirektion der Staatlichen Schlösser und Gärten Berlin und Potsdam (Hg.): Blick auf Potsdam. Ansichten aus dem 18. und 19. Jahrhundert. Katalog zur Ausstellung im Schloss Glienicke, 1. Juni bis 24. Juli 1990. Potsdam 1990.

Stiftung Preußische Schlösser und Gärten Berlin-Brandenburg (Hg.): Marmor, Stein und Eisen bricht … Die Kunst zu bewahren. Restaurierung in den Preußischen Schlössern und Gärten. Katalog zur Ausstellung in der Orangerie im Neuen Garten, 25. Juni bis zum 17. Sept. 2006. Leipzig 2006.

Dies.: Preußisch Grün. Hofgärtner in Brandenburg-Preußen. Ausstellungskatalog des Schlosses Glienicke. Berlin 2004.

Dies: Luise. Leben und Mythos der Königin. Begleitpublikation zur Ausstellung anlässlich des 200. Todestages im Schloss Charlottenburg. Hg. in Kooperation mit dem Filmmuseum Potsdam. Berlin 2010.

Dies: Friederisiko. Friedrich der Große. Anlässlich der Ausstellung im Neuen Palais und Park Sanssouci, 28. April bis 28. Oktober 2012. München 2012.

Dietmar Strauch: Einstein in Caputh. Die Geschichte eines Sommerhauses. Berlin/Wien 2001.

Clemens Alexander Wimmer: Der Potsdamer Lustgarten. Hg. von der Stiftung Preußische Schlösser und Gärten Berlin-Brandenburg. Berlin 2004.

Register

(Kursiv = Abbildungstexte)

Bildnachweis

Michael Bienert, Berlin: 7, 20, 30, 31, 84, 101 (SPSG), 165 (SPSG), 171, 183 o.
Elke Linda Buchholz, Berlin: 96, 167, 168 li. + re., 175 (SPSG), 183 u., 186
bpk: Titel li. u. + S. 35 li. (Bayerische Staatsbibliothek/Heinrich Hoffmann), 35 re. u., 36 o. + u., 38/39 (Friedrich Seidenstücker) 46/47, 49, 51 (Freies Deutsches Hochstift/Frankfurter Goethe-Museum mit Goethe-Haus/Lutz Braun), 57, 64 li., 64 re. (Ottomar Anschütz), 93, 103 (Herbert Werner Gewande), 114 (Dietmar Katz), 133 (Kunstbibliothek, SMB/Dietmar Katz), 139 + 142 (Hermann Buresch), 140, 148 (Stiftung Deutsche Kinemathek/Horst von Barou), 184 (Max Ittenbach), 199 (Christian Gahl); SPSG: 9 (Manfred Hamm), Titel u. + 27 re. + 44 + 86 (Jörg P. Anders), 28 o. + u., 29 + 195 u. (Roland Handrick), 59 (Reto Güntli), 61 + 71 + 76 (Gerhard Murza), 69 o. + u. (Wolfgang Pfauder); Kupferstichkabinett, SMB: 10/11 + 45 + 67 (Jörg P. Anders), 156/157 (Volker-H. Schneider); Nationalgalerie, SMB: 54 (Klaus Göken), 66 + 91 (Jörg P. Anders); Staatsbibliothek zu Berlin: 14, 27 li. + 60 (Ruth Schacht), Geheimes Staatsarchiv, SPK/Bildstelle GStA PK: 35 re. o., 115; Eigentum des Hauses Hohenzollern: 56 + 65 (Jörg P. Anders), 138 li.
fotolia: 16/17 (Markus Mainka), 26 + 110/111 (Katja Xenikis), 104 + 147 (Ju-Her), 105 (B. W. Schneider)
© Groth Gruppe, Berlin: 206/207
Klaus Haupt, Zentrum für Militärgeschichte und Sozialwissenschaften der Bundeswehr, Potsdam: 118
Huber-Images: Titel re. u., 12/13, 21, 130/131, 135 (Gräfenhain); 19 (Spiegelhalter); 109, 124/125 (Schmid)
Jan Bouman Haus, Potsdam: 123 o. + u.
© Peter Kulka Architektur: 25 u.
Landeshauptarchiv Sachsen-Anhalt, Abteilung Magdeburg, U 9 Weltliches Stift Quedlinburg, A Ia Nr. 25: 43
Siegfried Layda, Berlin/SPSG: 52/53, 73, 94/95, 99, 195 o.
Olaf Möldner, Geltow: 106/107
picture-alliance: Titel re. o. (akg-images), 151 (Zentralbild/euroluftbild.de)
Architektur-Bildarchiv Thomas Robbin, Herten: 120/121, 200, 203
© Stiftung Preußische Schlösser und Gärten Berlin-Brandenburg (SPSG): 25 o.; Hans Bach: Titel li. o. + Mi., 78, 88/89, 92, 144/145, 155, 162, 164, 176, 178; Roland Handrick: 177 o.; Jürgen Hohmuth: 87; Daniel Lindner: 15; Michael Lüder: 63; Gerhard Murza: 41, 90; Wolfgang Pfauder 160; Leo Seidel: 77, 97, 141, 143
© TOPOS/Bergande, Berlin: 181
Christian Welte, Berlin: 152
Anja Wetzel, Potsdam: 23
Wikimedia Commons: 116 li. (Barbas), 116 re. (Florian S.), 128 + 190 (Clemensfranz), 187 + 208 (karstenknuth), 193 (Stephan M. Höhne)

sowie aus:
Andreas Kitschke: Die Potsdamer Garnisonkirche, Potsdam 1991: 33 (Slg. Claus Hermann, Potsdam)
Brandenburgisches Landesamt für Denkmalpflege und Archäologisches Landesmuseum und SPSG (Hg.): Peter Joseph Lenné. Parks und Gärten im Land Brandenburg, Worms 2005: 134

Editorischer Hinweis

Die Texte in diesem Band sind zum größten Teil bereits in den vergriffenen Büchern *Potsdam. Eine Bildreise* (von Alexander Rost und Toma Babovic, 8. Auflage 2008) und *Stille Winkel in Potsdam* (von Michael Bienert und Elke Linda Buchholz, 2009) erschienen, beide im Ellert & Richter Verlag. Für das vorliegende Buch wurden sämtliche Texte 2013 durchgesehen, aktualisiert und ergänzt. Die Texte auf den Seiten 33–64, 103–117, 137–138 und 143–147 stammen von Alexander Rost, die übrigen von Michael Bienert und Elke Linda Buchholz.

Der Verlag dankt der Stiftung Preußische Schlösser und Gärten Berlin-Brandenburg/Fotothek für die gute Zusammenarbeit.

Bibliografische Information der Deutschen Nationalbibliothek

Die Deutsche Nationalbibliothek verzeichnet diese Publikation in der Deutschen Nationalbibliografie; detaillierte bibliografische Daten sind im Internet über http://dnb.d-nb.de abrufbar.

ISBN 978-3-8319-0502-7

Lektorat: Annette Krüger, Hamburg
Gestaltung: BrücknerAping Büro für Gestaltung GbR, Bremen
Lithografie: SMS Scheer Medien Service GmbH, Bremen
Gesamtherstellung: CPI books GmbH, Leck

www.ellert-richter.de

Umschlagabbildungen:
Links oben: Park Sanssouci, Chinesisches Haus
Links unten: Winston Churchill, Harry S. Truman und Josef Stalin am 23. Juli 1945 vor Schloss Cecilienhof während der Potsdamer Konferenz
Mitte: Schloss Sanssouci, Blick auf Teil der Gartenseite
Rechts oben: Glienicker Brücke am 10. November 1989
Rechts unten: Typisches Haus in der russischen Kolonie Alexandrowka
Unten: Porträt Friedrichs des Großen von Anton Graff, 1781